Christel Darmstadt

Häuser instand setzen: stilgerecht und behutsam

Ein bebilderter Ratgeber nicht nur für Fachleute

Verlagsanstalt
Handwerk
GmbH

Die Deutsche Bibliothek – CIP-Einheitsaufnahme

Darmstadt, Christel:
Häuser instand setzen: stilgerecht und behutsam; ein bebilderter Ratgeber nicht nur für Fachleute/
Christel Darmstadt. - Düsseldorf: Verl.-Anst. Handwerk, 1993
ISBN 3-87864-250-4
NE. HST

ISBN 3 87864 250 4

Umschlaggestaltung: Phyllis Schürger
Herstellung: Martina Burkert, M.A.; Renate Weise
Satz: Lichtsatz Heinrich Fanslau, Düsseldorf
Lithos: Fischer Reprotechnik GmbH, Essen
Druck: RGA-Druck J. F. Ziegler KG Druckerei und Verlag, Remscheid

Inhaltsverzeichnis

Dieses Buch

... bietet Entscheidungshilfen bei Sanierungsmaßnahmen und ist für alle geschrieben, die Verantwortung für ältere Gebäude tragen: Hauseigentümer, Hausverwalter, Handwerker, Architekten, Sonderfachleute und Mitarbeiter der Denkmalbehörden.

Nachweislich ist der Verlust von Altbausubstanz durch falsch verstandene Modernisierung nach dem 2. Weltkrieg größer als durch kriegsbedingte Zerstörungen. Erfreulicherweise sind in den beiden letzten Jahrzehnten das Bewußtsein und das Engagement für die historische Bausubstanz – auch der jüngeren Vergangenheit – gewachsen.

Schlimme Verstümmelungen und entstellende Veränderungen an Altbauten unterbleiben in den neunziger Jahren zumeist: Der Stuck wird nicht mehr abgeschlagen, und überflüssige Wandöffnungen werden nicht mehr mit Glasbausteinen zugemauert. Heute führen eher „gut gemeinte" Änderungen, häufig Übermodernisierungen, zu beklagenswerten, aber vermeidbaren Gestaltverlusten von Gebäuden.

Die Fachliteratur für die technische Sanierung von Altbauten ist sehr umfangreich. Dagegen herrscht auf dem Gebiet der stilgerechten Instandsetzung häufig noch große Ratlosigkeit, und es mangelt an entsprechenden allgemeingültigen Hinweisen.

Genau hier setzt dieses Buch an, nämlich da, wo Unsicherheiten bei der authentischen, dem ursprünglichen Erscheinungsbild entsprechenden Sanierung älterer Gebäude aufkommen.

Deshalb wird hier beispielhaft sowohl auf stadthistorisch bedeutende, meist unter Denkmalschutz stehende Bauten als auch auf schlichtere Gebäude in ländlichen Gebieten und Industriesiedlungen eingegangen. Gerade die beiden letzten Gebäudegruppen sind durch kritiklose Anpassung an gängige, selten hinterfragte Neubauformen in Gefahr, die ihnen eigenen Gestaltqualitäten zu verlieren.

In 15 Jahren Beratertätigkeit an und in den unterschiedlichsten Objekten vor Ort, angefangen von ehemaligen Arbeitersiedlungen über Villen, Stadthäuser, Banken, Kirchen, Theatergebäude und Lohnhallen bis hin zu Krankenhauskomplexen, bin ich immer wieder auf die gestalterische Unsicherheit bei der Sanierung älterer Gebäude gestoßen. Gleichzeitig erfuhr ich auch, wie offen Beratungen und Vorschläge für eine behutsame, dem jeweiligen Gebäude entsprechende Instandsetzung aufgenommen und meist auch umgesetzt werden.

Und bereits hier sei ein wichtiger Hinweis vorweggenommen: Diese Art der Instandsetzung ist meist weitaus weniger kostenintensiv als eine „gründliche Durchsanierung".

Neben dem behutsamen und stilgerechten Umgang mit Altbauten ist es ein wichtiges Ziel dieses Buches, anhand von gut instand gesetzten Beispielen Lösungsmöglichkeiten für ähnliche Objekte aufzuzeigen. Trotz der vielen Abbildungen kann hier nur eine exemplarische Auswahl erfolgen. Im Anhang wird deshalb auf weiterführende Literatur zu den hier angesprochenen Problembereichen hingewiesen, damit auch der Laie sich soweit sachkundig machen kann, daß er ein informierter Gesprächspartner für Architekten, Sonderfachleute, Handwerker und Denkmalpfleger wird.

Ein weiteres Anliegen ist, Hauseigentümer und Verwalter in die Lage zu versetzen, die nur scheinbar qualifizierten Sanierungsspezialisten zu erkennen und auszusondern. Denn: Durch die zurückgehende Neubautätigkeit sehen viele Berufsgruppen in der Sanierung – leider verdienen die durchgeführten Maßnahmen oft nicht diese Bezeichnung – ein neues, einträgliches Arbeitsgebiet. Prognosen der Bauwirtschaft zufolge soll dieser Bereich bis zum Jahr 2010 noch erheblich steigen. Bedauerlicherweise wird immer noch in der kostenaufwendigen „gründlichen" Modernisierung eine nicht nur finanziell

1

1, 2
Wehmütig wird mit einer historischen Aufnahme auf die einstige Schönheit dieses Eckgebäudes hingewiesen.

2

„verdienstvolle“ Leistung gesehen. Fachkompetent fühlen sich natürlich alle „Spezialisten“, und es ist oft verblüffend festzustellen, daß gerade diejenigen, die bis vor kurzem noch den „alten Plunder“ dem Abriß oder der Totalmodernisierung geopfert haben, sich heute angeblich in „historischen“ Fragen auskennen. Es wirkt eher peinlich, wenn ein Historismusgebäude auf „altdeutsch“ getrimmt wird oder ein von jeher fast schmuckloses Jugendstilhaus mit neobarocken Stuckteilen ausstaffiert wird.

Die hier gezeigten Bauten stammen aus dem Ruhrgebiet, nur einige wenige aus der unmittelbar angrenzenden Umgebung, die von mir beraten wurden. Ähnliche Beispiele gibt es jedoch in ganz Deutschland. Allerdings haben in den verschiedenen Landesteilen regional bedingte Bautraditionen zu Sonderformen bei der Baugestaltung geführt. Mit den entsprechenden hier gezeigten Beispielen soll deshalb auch das Forschen nach den jeweiligen landestypischen Formen und Materialverwendungen angeregt werden.

Mit diesem Buch ist die Hoffnung verbunden, daß sich die behutsame und schonende Instandsetzung von Altbauten verstärkt durchsetzt. Gleichzeitig soll der Blick für die Gestaltqualitäten der noch vorhandenen Altbauten und ihrer Details geschärft werden. Es gilt, aus den „Modernisierungssünden“ der letzten 40 Jahre zu lernen und jetzt zu retten, was noch zu retten ist. Wehmütig blicken wir aus den alten Bundesländern auf die noch vorhandenen, wenn auch teilweise recht beschädigten, älteren Häuser in den neuen Bundesländern. Viele dortige desolat wirkende Gebäude sind in ihrer Substanz besser, als man auf den ersten Blick vermutet.

Ein besonderer Dank gilt all denjenigen, die mit Sorgfalt und Engagement ihre historischen Gebäude sach- und fachgerecht instand gesetzt haben. Danken möchte ich auch all den Hauseigentümern, Handwerkern, Architekten, Denkmalpflegern und Sonderfachleuten, mit denen ich konstruktiv und kooperativ an so manchem älteren Gebäude zusammengearbeitet habe.

Altstädte

. . . stehen in der Bewohner- und Besuchergunst hoch im Kurs. So werden alljährlich Lübeck und Lindau – ihre Namen stehen hier stellvertretend für viele sehr unterschiedliche Altstädte – von Hunderttausenden von Touristen besucht und trotz mancher Mühsal begeistert durchwandert und fotografiert. Man will dort den Charme der Altbauten, den Gestaltungswillen und die Gestaltungsfähigkeiten früherer Generationen aufspüren und bewundern.

Erstaunlicherweise sind diese Besucher häufig selbst Eigentümer eines älteren Gebäudes und leider keineswegs immer dafür aufgeschlossen, auch das eigene Haus entsprechend instand zu setzen.

Alte Häuser wachsen nicht nach wie Bäume. Heftige Eingriffe im Inneren oder Äußeren sind vergleichbar mit dem Beseitigen der Äste eines charaktervollen Baumes; der Rest weckt bestenfalls noch die Erinnerung an seine ehemalige Schönheit. Durch Abbruch oder zerstörende Modernisierung wird Bausubstanz ein für alle Male vernichtet, und selbst die vielleicht gelungene Kopie vermag das Original nicht zu ersetzen. Das gilt gleichermaßen für die kunstvollen wie für die schlichten Wohngebäude, die auf den ersten Blick heutigen Wohnbedürfnissen nicht unbedingt entsprechen mögen. Aber dieses „Andersartige" macht häufig gerade erst den Charme und die Qualität eines in die Jahre gekommenen Gebäudes aus. Jedes ältere Gebäude ist wie ein Wesen, dem man seine Geschichtlichkeit ansehen sollte.

Im „Modernisierungstaumel" seit den 50er Jahren sind viele Häuser stark beeinträchtigt oder entstellend einem vermeintlichen Neubaustandard angepaßt worden. Nun gilt es – vielleicht in letzter Minute – die noch verbliebenen älteren Bauten zu retten. Zahlreiche Gebäude, auch der jüngeren Vergangenheit, genießen gesetzlichen Denkmalschutz. Demgegenüber sind die nicht behördlich geschützten Altbauten besonders in Gefahr, durch Übermodernisierung oder falsch verstandene Altertümelei ihren ganz eigenen Charakter zu verlieren.

Aus Bochum oder Bottrop wird kein Lübeck oder Lindau werden. Andererseits weisen die Städte der Industrieregion „Ruhrgebiet" mit ihren interessanten Industrieanlagen, Gartenstadtsiedlungen, kunsthistorisch sehr bedeutenden Sakralbauten, imposanten Villen – kurz: vielen Gebäuden ihrer jüngeren, die letzten 150 Jahre umfassenden Geschichte – Gestaltqualitäten auf, die nur hier und nicht in Lübeck oder Lindau zu finden sind.

Kleine Stilkunde

Nachstehend werden die wichtigsten Baurichtungen seit 1800 mit ihren wesentlichen Elementen erläutert: Vom einfachen Haus über Bürgerbauten bis hin zu repräsentativen Gebäuden prägen die Bauausführungen dieser Objekte die Städte- und Siedlungsbilder und sind gleichzeitig ablesbare Dokumente einer Sozialentwicklung.

Sakralbauten und sonstige repräsentative Gebäude sind in dieser kurzen Übersicht ausgeklammert, da die Bauausführungen teilweise, insbesondere zur Zeit des Historismus, von denen der Bürgerhäuser stilistisch abweichen.

Klassizismus

... (ca. 1780 bis ca. 1830) ist einer der frühesten internationalen Stile der jüngeren Architekturgeschichte; denn er wurde von Petersburg bis Washington und von London bis Kapstadt gepflegt.

Als Reaktion auf die sehr aufwendigen Bau- und Dekorationsausführungen des Barock und des Rokoko setzte im auslaufenden 18. Jahrhundert die konsequente Abkehr davon ein. Hauptziel der neuen Architekturrichtung war die Rückkehr zu klaren, edlen Formen, deren Ideale man in den Bauwerken der Antike verwirklicht sah. Bei der Ausführung klassizistischer Bauten orientierte man sich deshalb an den Proportionsgesetzen und dem Formenschatz antiker Bauten und verband sie mit eigenen künstlerischen Neuschaffungen. Die – verhältnismäßig wenigen – Bürgerhäuser dieser Zeit zeichnen sich durch Strenge und Klarheit aus. Klassizistische Schmuckformen wurden vorwiegend auf Eingangsrisalite mit flankierenden Säulen, Dreiecksgiebel über den Fenstern und zurückhaltenden plastischen Schmuck, wie Palmetten, antike Kapitelle sowie kannelierte Säulen, beschränkt.

Romantik

... ist im strengen baukünstlerischen Sinn kein eigener Stil, da den Bauten aus der Zeit zwischen ca. 1830 und ca. 1860 die eigene, unverwechselbare Baukonzeption und die eigenständigen Schmuckformen fehlen. Insbesondere die Bürgerhäuser dieser Zeit sind eher Ausdruck einer Haltung – ja, man könnte fast sagen: einer Weltanschauung. Die Strenge und Klarheit der Baukonzeption aus dem Klassizismus wurden übernommen und auf Schmuckformen mehr und mehr verzichtet. Neu war, daß zwischen dem Bauwerk und der Natur eine fast innige Beziehung hergestellt werden sollte. Noch heute sprechen wir von „romantischen Lagen".

Gelegentlich wird diese Zeit auch als „Romantischer Historismus" oder „Frühhistorismus" bezeichnet, weil bei Errichtung von Neubauten zunehmend eine Orientierung an historisch bekannten Baukonzepten und Details erfolgte.

Historismus

... hat sich als Sammelbegriff für die Gebäudegestaltungen durchgesetzt, die zwischen ca. 1860 und ca. 1900 ausgeführt wurden. Bis vor 20 Jahren bezeichnete man diese Architekturperiode abfällig als „Eklektizismus", was soviel wie „phantasielose Kopie von Bau- und Schmuckformen früherer Epochen" bedeutet.

In vielen wissenschaftlichen Arbeiten der beiden letzten Jahrzehnte ist dargelegt worden, daß die baukünstlerischen Leistungen dieser Architekturepoche keineswegs eklektizistisch waren, obgleich historische Zitate verwandt wurden. Bei der Suche nach neuen Ausdrucksformen in der Architektur stellten Bautheoretiker damals fest, daß in der europäischen Baugeschichte alle nur denkbaren Ausführungen vorhanden waren. Sie sahen es fast als eine Verpflichtung gegenüber diesen Leistungen an, in dem nun technischen Zeitalter – Mitte des 19. Jahrhunderts – diese Bauleistungen der Ahnen zu respektieren und die Baugesetze sowie die Schmuckformen dieser bedeutenden Epochen als Orientierung für ihre eigenen Neubauten zu übernehmen.

Typisch für die in dieser Zeit gebauten Häuser ist der zumeist symmetrische Fassadenaufbau. Die Gebäude wirken schwer, fast würdevoll, ruhig und statisch. Die Fassadenkonzeption ist in den meisten Fällen sehr harmonisch, da die Architekten die Proportionsgesetze gelungener historischer Vorbilder eingehend studierten und für ihre Neubauten übernahmen. Als Gliederungs- und Dekorelemente wurden bekannte historische Vorbilder zu ganz neuen Konzepten zusammengefügt.

Historismusgebäude sind axial aufgebaut und in den einzelnen Geschossen durch mehr oder weniger stark ausgeprägte Gesimse unterteilt. Auch die Ausführung der Schmuckformen erfolgte in Anlehnung an historisch bekannte Beispiele. Bei repräsentativen Villen orientierte man sich zunächst an Vorbildern der italienischen Renaissance, später des Barock. Erst im auslaufenden Historismus wurden für Bürgerhäuser auch gotische und romanische Baudetails in die Fassadenkonzeption aufgenommen.

In der Spätzeit des Historismus sind die Architektur- und Dekorentwürfe wesentlich unabhängiger von geschichtlichen Vorbildern als zu Beginn. Ein Stilumbruch in der Architektur wird spürbar.

Jugendstil

... gilt als Sammelbegriff für die Gebäudegestaltungen, die in der Zeit von ca. 1895 bis ca. 1915 entstanden sind. Sie zeichnen sich durch einen vorwiegend asymmetrischen Fassadenaufbau aus. Die Bauausführungen dieser Zeit sind sehr unterschiedlich und werden nur deshalb unter dem Begriff „Jugendstil" zusammengefaßt, weil die frühen dieser Gebäude in der 1896 gegründeten Zeitschrift „Jugend" veröffentlicht wurden.

Im Gegensatz zum Historismus diente die gesamte heimische und exotische Pflanzen- und Tierwelt als Vorbild für die Dekorentwürfe. Reliefs mit Schwänen, Enten, Füchsen, Libellen, Schmetterlingen und Fischen sind ebenso wie solche mit Margeriten, Orchideen und verschlungenen Wasserpflanzen an Jugendstilfassaden zu finden. Viele kantige und schlangenumwundene Frauenköpfe drücken die Ablehnung der damals aufkommenden Emanzipationsbewegung aus.

Die Gebäude der frühen Jugendstilphase wirken zart, flächig und dynamisch. Spätere Richtungen des Jugendstils lehnten sämtliche Dekorteile aus Putz ab. Der Reiz natürlicher Materialien, wie Sandstein verschiedener Färbung, Schiefer, Holz und Kupfer, wurde als Gestaltungsmittel wiederentdeckt und oft recht einfallsreich kombiniert.

Expressionismus

... (ca. 1920 bis ca. 1935) bezeichnet die Aufbruchstimmung nach dem 1. Weltkrieg, in der Baukunst die Vergangenheit endgültig zu überwinden. Dabei wurde auf Baukonstruktionsprinzipien des späten 18. Jahrhunderts und des auslaufenden Jugendstils zurückgegriffen.

Klarheit und Strenge bestimmen die Bauausführung. Als Materialien wurden bevorzugt Ziegelsteine und Klinker verwendet, gelegentlich kommen Kombinationen mit Putz vor. Der reine Putzbau setzte sich erst in den späten 20er Jahren verstärkt durch. Frühe Expressionismusgebäude sind durch scharfe Kanten und Winkel geprägt. Die Gestaltungsmöglichkeiten, die Backsteine bieten, führen zu schmuckreichen, allerdings immer grafischen Dekorationen. Gelegentlich finden sich in Ziegelmaterial geprägte Schmuckformen. Expressionistische Wohngebäude sind besonders im Ruhrgebiet relativ selten, da während der Wirtschaftskrise wenige Neubauten entstanden.

Funktionalismus

... (ca. 1935 bis ca. 1980), auch „Neue Sachlichkeit" genannt, bedeutet die möglichst vollkommene Übereinstimmung von Form und Funktion eines Gebäudes. Alle historischen Stilformen wurden abgelehnt, statt dessen waren nüchterne Sachlichkeit und Zweckmäßigkeit gefragt. Wesentlich für die Entwicklung des Funktionalismus, dessen Wurzeln bis ins 18. Jahrhundert zurückreichen, waren architekturtheoretische Auffassungen im auslaufenden Jugendstil, die sich u. a. gegen jegliche Ornamentverwendung wandten.

Viele Gruppierungen, u. a. die Vertreter des Bauhauses in Weimar, forderten bereits zu Beginn der 20er Jahre die reine Architekturform, die nur das Funktionieren der darin ablaufenden Lebensformen zu gewährleisten hatte. Alle diese Gruppen übertrafen sich in dem Bemühen um den höchsten Stand an Einfachheit und Reinheit in der Architektur. Jegliche Schmuckformen waren tabu. Schon einfache Linien oder eine farbige Türeinfassung galten als geschmäcklerisch.

Postmoderne

– oder wörtlich übersetzt „Nachmoderne" – ist heute der Sammelbegriff für Tendenzen der zeitgenössischen Architektur.

Gegen die nur auf die Funktion reduzierten, schmucklosen Gebäude des Funktionalismus kam bereits in den frühen 70er Jahren Kritik auf. Unterschiedliche Lösungsansätze für neue Architekturkonzepte und -formen kristallisierten sich heraus.

Bei den inzwischen errichteten Neubauten der Postmoderne sind historisierende, individualisierende und auf den Rationalismus zurückgehende Tendenzen zu beobachten.

Die historisierenden Richtungen verwenden bekannte Zitate, wie z. B. Säulen, Kapitelle und Dreiecksgiebel in modernen Materialien, hin bis zu Glas und Neonstäben.

Die individualisierenden Tendenzen orientieren sich weitgehend an der Natur. Kurvenreiche, weiche, naturalistische Formen sind beliebte Gestaltungselemente.

Der Dekonstruktivismus lehnt bewußt den rechten Winkel ab und experimentiert mit instabil wirkenden Formen. Andere Architekten setzen sich für die Weiterentwicklung der Moderne ein, indem sie auf die Ursprünge des Funktionalismus aus den 1920er Jahren zurückgehen.

Erst im zeitlichen Abstand werden die heutigen Tendenzen abschließend gewertet werden können.

Historische Farbigkeit

... ist keine absolute Größe, auch wenn dies heute nicht selten angenommen wird. Die äußere Baufarbgestaltung war seit 1800, entgegen leider immer noch anders lautenden Behauptungen, keineswegs nur weiß, hellgrau oder steinsichtig. Hier fehlt der Raum für eine umfassende Übersicht der Farbanwendungen seit 1800. Dennoch soll kurz auf die abgelaufenen Farbbewegungen – der Begriff tauchte bereits in den 80er Jahren des vorigen Jahrhunderts in der Literatur auf – eingegangen werden.

Die Literaturauswertung ergibt, daß interessanterweise der Beginn einer neuen Farbbewegung zeitlich immer eng mit einem Stilumbruch in der Architektur verbunden ist. Daneben gibt es einige sehr ausgeprägte Gesetzmäßigkeiten, die sich trotz ihrer zeitlichen Abstände decken: Einer meist stark polychromen Phase folgt eine dezent polychrome; diese wird von einer Phase abgelöst, in der Erdfarben und insbesondere Brauntöne sehr häufig vorkommen; diese wiederum mündet in die sogenannte „unbunte" Phase, in der Weiß und Grau absolut dominieren; gleichzeitig wird die Materialfarbigkeit von Ziegeln oder Natursteinen sehr geschätzt.

Bei klassizistischen Bürgerhäusern, vor allem den einfacheren, bevorzugte man noch längere Zeit die barocke Farbtradition. Lediglich bei repräsentativeren Gebäuden setzte sich die angeblich „antike" Farblosigkeit verstärkt durch, obgleich bedeutende Architekten dieser Zeit sich sehr für die Anwendung von Buntfarben am Äußeren der damaligen Neubauten engagierten.

Nach der Wiederentdeckung der Polychromie an antiken Bauten setzte im frühen Historismus – um 1850, verstärkt um 1860 – eine intensive Buntfarbigkeit an den Neubauten ein, die sehr bald herbe Kritik erfuhr. In den 70er Jahren des 19. Jahrhunderts folgten Gebäudefassungen in schwächer gesättigten Bunttönen, und in den 80er Jahren wurde begeistert die gedämpfte, oft erdfarbene Renaissancefarbigkeit bei der Neufassung von Gebäuden aufgenommen. Die Dekorationsmalerei in und an Gebäuden erlebte in dieser Zeit eine Hochblüte. Im auslaufenden 19. Jahrhundert war die Materialfarbigkeit in Verbindung mit Putz und Stuck und farbigen, teilweise sehr großflächigen Keramikbildern wieder sehr geschätzt.

Seit dem Umbruch zum Jugendstil wurden Putzbauten oft sehr stark polychrom gefaßt, farbige Materialien und glasierte Ziegel sowie Dachpfannen in großer Vielfalt meist recht unbekümmert miteinander kombiniert. Die Phasen der Farbabfolgen zwischen 1900 und 1915 sind nicht so eindeutig wie beispielsweise in der Zeit des Historismus oder in den 20er Jahren. Regionale Farbtraditionen lebten wieder auf, Architekten- und Künstlerbünde engagierten sich für eigene „harmonische" Farbgestaltungen. Des-

3 (H)
Vierachsiges Historismusgebäude mit hell gefaßtem Stuck, kombiniert mit dunkleren Verblendern. Ein aufgemalter Figurenfries unter dem schweren Kranzgesims bildet mit der darüberliegenden, geschlossenen Balustrade den Gebäudeabschluß.

4 (H)
Putzgebäude mit Geschäftsräumen im Erd- und 1. Obergeschoß. Die Wandflächen sind reich bemalt mit Figuren, Inschriften und Ornamenten. Den in der oberen Etage verlaufenden Umgang und den Dachfirst schmücken Ziergitter.

halb gab es bereits zu Beginn des Jugendstils vereinzelt „unbunte" Gebäudefassungen und in der Spätzeit dezent polychrome. Die unterschiedlichen Richtungen der Baufarbgestaltung endeten mit dem Ausbruch des 1. Weltkrieges.

5 (H)
Ziegel-/Putzbau des Späthistorismus. Im Erdgeschoß gliedern waagerecht verlaufende, glasierte Ziegelbänder das Mauerwerk. Die glatten Flächen im oberen Geschoß zieren Rankenmalereien, der deutsche Adler und – seitlich – ein Schriftzug. Das Schmuckfachwerk im Giebel ist dunkel gefaßt und mit „Begleitern" geschmückt, die Renaissance-Motive (Halbsonnen) sind verschiedenfarbig abgesetzt.

Nach Kriegsende sahen Künstler, Architekten und Baubehörden Anfang der 20er Jahre in der farbigen Gestaltung von Häusern und Städten eine preiswerte und deutlich sichtbare Möglichkeit, der Depression nach dem verlorenen Krieg entgegenzuwirken. Und wieder dominieren zu Beginn dieser Farbbewegung starkfarbig polychrom gefaßte Gebäudegestaltungen. Als Reaktion auf diese „Verunstaltungen" schlossen sich Mitte der 20er Jahre Fachleute der unterschiedlichsten Richtungen im „Bund zur Förderung der Farbe im Stadtbild" mit dem Ziel zusammen, die Farbanwendung unter ästhetischen Gesichtspunkten zu fördern. Die Starkfarbigkeit ging zugunsten der dezenten Polychromie mit schwach gesättigten Bunttönen zurück. Und bald sah man Ende der 20er Jahre wieder in der gedämpften Erdfarbigkeit, insbesondere in Brauntönen, die Lösung des Farbenharmonieproblems an Fassaden. Danach setzte sich, begünstigt durch den Expressionismus, die Materialfarbigkeit in Kombination mit unbunten Farbtönen an neueren Gebäuden durch. Weiß und Grau galten als „die" Architekturfarben. Sie wurden zu dieser Zeit allerdings erst vereinzelt aufgebracht. Mitte der 30er Jahre war „Elfenbein" sehr beliebt.

Eine Ausnahme bei der Farbgestaltung bildeten die Altbauten in den Innenstädten. Nach einem Erlaß der Reichsregierung sollten diese unter Kriegsvorbereitungsgesichtspunkten schwarz, dunkelgrau, dunkeloliv-grün, dunkelrot oder sogar tief dunkelblau gefaßt werden. Vorhandene Dekorationssysteme wurden konsequent überstrichen oder mit Feinputzen überspritzt, um die Gebäude optisch in ihrer Wirkung zu reduzieren.

In der Wiederaufbauphase nach dem 2. Weltkrieg widmete man sich erst in den frühen 50er Jahren der Farbgestaltung in der Architektur. Polychrome Farbfassungen aus dieser Zeit sind in den letzten Jahren vor allem im süddeutschen Raum rekonstruiert worden. Gebäudefassungen mit durchgefärbten, farbig stark gesättigten Kratzputzen, Sgraffitomalereien oder Gestaltungen mit geometrischen Ornamenten, die in dieser Zeit häufiger vorkamen, wurden sehr bald als „nicht funktional" und als überflüssige Zutat abgelehnt. Weiß und Grau galten als die einzig möglichen Architekturfarben, bestenfalls waren farbige Materialien noch an Gebäudesokkeln oder Fenstereinfassungen geduldet.

Um 1970 setzte – angeregt durch die Pop-Künstler und begünstigt durch den Autoritätsschwund des Funktionalismus – eine neue Farbbewegung ein. Insbesondere ältere Gebäude mit Dekorationssystemen erhielten stark gesättigte polychrome Fassungen, der „liebenswerte Kitsch" sollte damit aufgewertet werden. Die bald einsetzende Kritik und das engagierte Suchen nach Harmoniegesetzen führte wieder zur dezenten Polychromie und endete schließlich in der erdfarbenen „Braunphase" um 1980. Diese wurde, wie in vergangenen Farbbewegungen, relativ bald von der „unbunten" Phase abgelöst, in der die Materialfarbigkeit wieder eine große Rolle spielte. Ab etwa 1985 setzten sich konsequente Weißfassungen – innen und außen – sowohl bei modernen als auch bei Altbauten durch. Daneben schätzte man Gebäude mit ziegelroten Wänden, ziegelroten Dächern und ziegelroter Pflasterung des Zugangs.

Bereits Mitte der 80er Jahre sind wieder starkfarbig polychrome Anstriche bei exklusiven postmodernen Gebäuden anzutreffen. Daneben tauchen an weißen, grauen oder materialfarbigen Gebäuden akzentartig auch blaue, rote oder grüne Fassungen von Türrahmen, Fenstern oder dekorativ eingesetzten Gestängen auf. Bei der Gestaltung von größeren Baudetails sind Graublau, Türkis, Lila oder ein vergrautes Rosa allein oder in vielfältigen Kombinationen sehr geschätzt.

Inwieweit sich in den 90er Jahren eine Farbbewegung mit den zuvor geschilderten Phasen durchsetzt, bleibt abzuwarten. Es ist zu hoffen, daß die positiven, architekturdienenden Farbgestaltungsgrundsätze, die auf der Monochromie beruhen und sich in den letzten 200 Jahren immer wieder fast unmittelbar nach jeder stark polychromen Phase herauskristallisierten, weiter durchsetzen, um „optische" Umweltbelästigungen zu verhindern und Farbkultur in der gebauten Umwelt zu erreichen und zu pflegen.

6 (H)
Ein im Späthistorismus häufig vorkommender Gebäudetyp. An den glatten Wandflächen befinden sich dunklere, vermutlich rote Verblender. Das Dekorationssystem ist möglicherweise in zwei hellen Farbnuancen abgesetzt. Das Dach weist eine grafisch gestaltete Eindeckung auf, am First befindet sich auch hier ein interessanter Abschluß. Typische Gitter fassen das Grundstück ein.

7 (H/J)
Dieser Putzbau mit einem ausgeprägten, mehrfach unterteilten Mansarddach weist nur am Sockel des Erdgeschosses und in den Fenstereinfassungen des Souterrains Naturstein auf, er ist heller als die großen Wandflächen. Das bereits recht flächige Dekorationssystem ist in vermutlich zwei Farbnuancen abgesetzt. Ortgang und Dachuntersichten sind sehr hell gefaßt.

8 (J)
Ziegelgebäude mit hellen Putzflächen und einem interessanten Dach.

9 (J)
Jugendstilgebäude im Ruhrgebiet, an dessen Fassade Naturstein, Schiefer, Putz und Holz miteinander kombiniert wurden. Während der Putz recht dunkel ist, wurden die Ortgänge, die Giebelbretter und die Giebeluntersichten hell gefaßt und mit geometrischen Ornamenten geschmückt.

10 (J)
Straßenzeile in einer Industriesiedlung des Reviers mit den an diesen Gebäuden häufig vorkommenden Gestaltungs- und Gliederungselementen. Über dem Ruhrsandsteinsockel setzt sich das mit Spritzputz versehene Mauerwerk fort, die Giebel sind verschiefert, Ortgänge und Fenster sind sehr hell gefaßt.

11 (J)
Jugendstilgebäude mit drei unterschiedlichen Giebeln. Das Prinzip der Asymmetrie wird durch die Erker, Balkone und versetzten Öffnungen erreicht. Flächige, geometrische Ornamente und sehr grafisch abgesetzte Motive zieren die Wandflächen und Giebeluntersichten des vorderen Gebäudes.

12 (J)
An diesem Jugendstilgebäude ist die Wandfläche in einem dunklen Putz gehalten und das Dekorationssystem in zwei hellen Farbnuancen abgesetzt. Die Erkerverkleidung ist aus Metall. Hier sind die Fenster weiß gefaßt.

Monochromie

. . . ist in den vergangenen Jahrhunderten immer wieder als „die" architekturdienende Farbenkombination insbesondere an reich gegliederten Gebäuden geschätzt worden. Schon unsere Ahnen haben begründet dargelegt, daß Farbkonzepte für Gebäude keinen Eigenwert besitzen, sondern daß durch Farbe die Baukonzeption und die Dekorationssysteme „geklärt" und gesteigert werden sollen. Es galt und gilt, die Lesbarkeit der Architektur durch die farbige Gestaltung zu unterstützen. Dieses Prinzip verlangt von Künstlern und Farbgestaltern, sich mit der eigenen Kreativität und Gestaltungsfreude in den Dienst und unter die Bedingungen des jeweiligen Gebäudes zu stellen – eine nicht zu unterschätzende Herausforderung.

Bei monochromen Gebäudefassungen wird von einem Buntton ausgegangen, der in unter-

13 (H)
Neobarockes Gebäude (1892), dessen glatte Wandfläche in Rot gefaßt und das Dekorationssystem im dazu korrespondierenden Aufhellungston angelegt wurde.

14 (J)
Frühe Jugendstilgebäude, bei denen für die Putzfassung jeweils ein stark aufgehellter Farbton – abgeleitet von der Materialfarbigkeit – verwendet wurde.

schiedlichen Aufhellungen mit den dazu passenden farbigen Grautönen kombiniert werden kann. Farben mit einem klaren Bunteindruck wie Gelb oder Grün sollten immer mit den korrespondierenden Grautönen kombiniert werden, um die Buntwirkung zu reduzieren. Bei starken Mischfarben wie Braun oder Grünumbra sind die Kombinationen der jeweiligen abgeleiteten Aufhellung angemessen, da die Ausgangsfarben bereits sehr stumpf sind.

Bedenkt man die Fülle unterschiedlicher Farbtöne und gleichzeitig die große Anzahl unterschiedlicher Gebäudeausführungen, so ist der Gestaltungsrahmen extrem groß.

Etliche Farbenhersteller in Deutschland bieten Farbtonkarten an, die entsprechend der Monochromie geordnet sind. So wird es selbst für den Laien verhältnismäßig einfach, eine architekturdienende, harmonische Farbgestaltung zusammenzustellen.

Weitere Verweise auf Abbildungen zu diesem Thema finden Sie auf Seite 169 ff.

15 a
Farbtöne mit intensivem Bunteindruck sollten möglichst mit der zu ihnen passenden Graureihe kombiniert werden: hier ist es ein rötliches Grau.

15 b
Mischfarben – oder „stumpfe Bunttöne" – wirken am harmonischsten in ihren eigenen Aufhellungen.

Denkmalschutzgesetze

. . . sind keineswegs eine Erfindung der Neuzeit. Regelungen wie „Es ist unzulässig, den äußeren Schmuck an Privatgebäuden durch moderne Zutaten zu entstellen, und historische Bauwerke einer bedeutenden Stadt aus Habgier, nur um Geld zu machen, zu verunstalten“[1] sind in etwas abgewandelter Form in den meisten heute gültigen Denkmalschutzgesetzen zu finden.

Viele Altstädte haben schon seit Jahrhunderten in unterschiedlicher Form Gebäudeschutz genossen. Die Initiativen dazu gingen auf Erlasse von Landesherren im Zeitalter des Absolutismus, auf Verordnungen von Landesbehörden oder seit Beginn dieses Jahrhunderts auf staatliche Denkmalschutzgesetze zurück.

Der Erlaß der heute gültigen Denkmalschutzgesetze obliegt den Bundesländern. Die meisten von ihnen sind erst in den beiden letzten Jahrzehnten in Kraft getreten. Bis dahin war es rechtlich nur schwer möglich, bedeutende Objekte – im Sinne eines weit gefaßten Denkmalbegriffs – vor dem Abbruch oder der entstellenden Veränderung zu schützen. Dies gelang erst nach Erlaß dieser Gesetze. So manche Unterschutzstellung und sonstige schützende Maßnahme ist in dem damals noch dominierenden Modernisierungseifer von Eigentümern und Planern keineswegs begeistert aufgenommen worden. Unterschwellig oder direkt wurden Abwehrhaltungen gegenüber der amtlichen Denkmalpflege geäußert, so daß manchmal nur noch mit behördlichen Maßnahmen ein bedeutendes Objekt gerettet werden konnte. Diese Situation führte bei manchen Denkmaleigentümern keineswegs zu Aufgeschlossenheit oder Vertrauensbildung gegenüber Denkmalpflegern.

Auch wenn die denkmalpflegerische Praxis aufgrund der noch relativ jungen Gesetze bislang noch nicht einheitlich ist, läßt sich inzwischen eine Annäherung auf beiden Seiten – bei Eigentümern und Denkmalpflegern – beobachten. Denn statt dogmatischer Positionen setzen sich zunehmend abwägende Einstellungen bei Unterschutzstellungen und Umnutzungen durch. Beratung und Hilfe beim Umgang mit einem historischen Gebäude dominieren, behördliche Reglementierung ist erfreulicherweise seltener geworden. Erleichtert wird die Arbeit in der Denkmalpflege durch die allgemein zunehmende Wertschätzung historischer Gebäude, insbesondere der letzten 150 Jahre.

Nun hat nicht alles Gebaute deshalb automatisch Denkmalwert, weil es älter als 50 Jahre ist. Trotz des großen Engagements für den Erhalt

[1] Edikt der Kaiser Valentinianus, Theodosius und Arcadius vom 17. 7. 389. Dölling, R.: „Denkmalschutz und Denkmalpflege in der Bundesrepublik Deutschland“, in „Denkmalpflege in der Bundesrepublik Deutschland“. München: Moos, 1974, Seite 9

und die Instandsetzung älterer Bauten wird es nach sorgfältigem Abwägen vieler Aspekte auch in Zukunft sachlich begründete Abbruchgenehmigungen oder Entkernungen geben.

Fachleute sind in der Lage festzustellen, welchen Wert und welche Bedeutung ein Gebäude für ein Ensemble, eine Stadt oder ein Dorf hat. Insbesondere der amtlichen Denkmalpflege obliegt hier fachkompetente Gefahrenabwehr für bedeutende Objekte.

Wenn viele gute und in ihrer Qualität ähnliche Gebäude in einer Stadt vorhanden sind, muß bei der Unterschutzstellung leider oft eine Auswahl getroffen werden, die auch so mancher Denkmalpfleger beklagt. Die Gründe dafür liegen unter anderem in rechtlichen Bestimmungen und in den finanziellen Möglichkeiten der Behörden.

Ältere Gebäude, die nicht in Denkmallisten aufgenommen wurden, müssen deshalb keineswegs weniger wertvoll sein. Bei diesen Gebäuden wird eine besondere Verantwortung, ja private Denkmalpflege vom jeweiligen Hauseigentümer erwartet, um auch solche historischen Gebäude der Nachwelt zu erhalten. Mit den vielen Abbildungen dieses Buches sowie den weiterführenden Literaturhinweisen sollen für private Denkmalschutzinitiativen Gestaltungs- und Renovierungshilfen gegeben werden.

Wenn sich ein Hauseigentümer erst einmal von der heute leider noch gängigen „Modernisierungspraxis" gelöst und mit der behutsamen Instandsetzung auseinandergesetzt hat, wird ein älteres Gebäude – selbst ein sehr schlichtes – zu einem faszinierenden Erlebnis. Zu ihm werden meist stärkere Bindungen und Heimatgefühle aufgebaut als zu einem durchmodernisierten und damit geschichtslos gewordenen Haus.

Bauforschung

... hält man allgemein nur bei sehr bedeutenden Gebäuden für notwendig. Daß auch schlichtere Gebäude interessante Aufschlüsse über Lebensabläufe, Sozialformen von Familien usw. geben können, ist erst durch die Wiederentdeckung der interessanten Bauten ehemaliger Arbeitersiedlungen erkannt worden.

Die technischen Untersuchungsmethoden sind dank verbesserter Instrumente in den letzten Jahren erheblich verfeinert worden. Verformungsgerechte Aufmaße, differenzierte Materialbeurteilungen und Befunderhebungen sind zwar vielen Verantwortlichen am Bau bekannt, leider unterbleiben diese Arbeiten oft unter dem Zeit- oder Kostendruck der Auftraggeber.

Während der technischen Seite noch gewisse Bedeutung, u. a. aus statischen Gründen, zukommt, werden in der Bauforschung die gestalterischen Aspekte, insbesondere bei nicht denkmalgeschützten Gebäuden, leider oft vollständig vernachlässigt. Dabei besteht möglicherweise gerade in der Gegenwart die letzte Chance, von Zeitgenossen Auskünfte über die – möglicherweise im Laufe der Jahrzehnte wechselnden – Funktionen und Farbigkeiten eines Gebäudes zu bekommen.

Wie erhält man solche Daten?

Alte Familienalben sind häufig eine Fundgrube für Gesamtansichten oder Details eines Besitzes. Befragungen älterer Familienangehöriger sowie der Nachbarn des Gebäudes können ebenfalls Aufschluß geben über Form, Schmuck, Farbe und Nutzung. All diese Ergebnisse sollten schriftlich festgehalten und in Kopie der zuständigen Behörde für die entsprechende Bauakte übergeben werden.

Auch die Bauakten geben häufig Aufschluß über alte Pläne, Architekten und Bauunternehmer. Leider sind jedoch viele Bauakten im letzten Weltkrieg verbrannt.

Handelt es sich um ein bedeutenderes Gebäude in einer Stadt oder Region, lohnt die mühsame Durchsicht der Regionalzeitungen, wenn man das Entstehungsjahr kennt. Erfahrungsgemäß wurde hier häufig über die Fertigstellung eines solchen Gebäudes berichtet, oft mit Bild.

Ist ein Haus über Jahrzehnte von derselben Feuerversicherungsgesellschaft betreut worden, lohnt auch hier der Blick ins Archiv. Denn vor Abschluß der Versicherung war meist eine detaillierte Baubeschreibung, möglichst mit Plänen, erforderlich.

So kann mit der Bauforschung ein sehr spannendes Kapitel eines historischen Gebäudes aufgeschlagen werden.

Während alte Grundrißformen sowie frühere Wandöffnungen oft verhältnismäßig leicht ermittelt werden können, ist die Befunderhebung bei Außenfassaden eines historischen Gebäudes erheblich schwieriger. Denn Farbe ist das unbeständigste Baumaterial. Erschwerend kommt hinzu, daß seit 1830 synthetisch hergestellte Pigmente, die wenig licht- und wetterbeständig waren, auch für Außenfassungen verwendet wurden.

16

Auch wenn die heutigen Befunde nur eine bedingte Aussagefähigkeit über die frühere tatsächliche Farbigkeit haben, sollten möglichst alle verschiedenen Farbschichten dokumentiert und in den öffentlichen Bauakten archiviert werden. Qualifizierte Malerbetriebe führen diese Arbeiten oft selbst durch oder ziehen einen Sonderfachmann hinzu.

16, 17
Hätte man vor Antragen des unpassenden Stucks bei den älteren Bewohnern des Hauses nach Fotos geforscht, wäre eine Reparatur und ergänzende Rekonstruktion möglich und obendrein noch preiswerter gewesen. Abb. 17 zeigt die ursprüngliche Fassade.

17

Instandsetzen

. . . oder Sanieren (= Heilen) betrachten manche nicht als „richtige Altbaumaßnahme", weil nach ihrer Meinung zuwenig „passiert" – technisch und auch ästhetisch. Doch auch bei der behutsamen Altbausanierung trifft der von den Funktionalisten in anderem Zusammenhang viel zitierte Satz „Weniger ist mehr" absolut zu. Die notwendig durchzuführenden Instandsetzungsmaßnahmen werden zunächst ganz alleine vom Gebäudezustand vorgegeben. Natürliche Materialalterungen sowie mechanische Beeinträchtigungen erfordern einen ständigen Substanzschutz und den Ersatz von Bauteilen. Häufig sind dabei „homöopathische" Maßnahmen ausreichend.

Bei allen Sanierungen ist wichtig, daß von der Originalsubstanz soviel wie möglich erhalten bleibt und das ursprüngliche Erscheinungsbild so wenig wie möglich verändert wird. Wenn allerdings eine brüchig gewordene Verfugung an einem Ziegelgebäude durch eine moderne Plattierung „saniert" wird, bleibt die Originalsubstanz zwar darunter erhalten, der ursprüngliche Charakter des Gebäudes ist jedoch ein für alle Male vernichtet.

Zum behutsamen Instandsetzen ist in hohem Maße Selbstdisziplin seitens der Eigentümer und der unterschiedlichen Sanierungsfachleute erforderlich. Manchmal fällt es keineswegs leicht, sich auf die tatsächlich notwendige Sanierung zu beschränken und auf „Endlösungen" zu verzichten, um den Verlust an Gestaltwerten und Originalsubstanz zu vermeiden. Nach Wiederentdecken der emotional wichtigen Gemütswerte des „Alten" wird nun so manches ältere Gebäude auf „historisch" getrimmt. Dabei ist es immer wieder erstaunlich zu sehen, wie viele insbesondere der selbsternannten Fachleute vorgeben, sich in alten Baukonstruktionsmethoden, Dacheindeckungen, Dekorationssystemen oder Fassadengestaltungen auszukennen.

Bei der behutsamen Instandsetzung und der authentischen Sanierung stehen wir derzeit noch am Anfang – verständlich, denn bis vor knapp 20 Jahren galten Bauwerke der hier vornehmlich behandelten Architekturepochen als großer Irrtum und eklektizistische „Klamotten", denen nur tiefste Verachtung zukam und die möglichst beseitigt werden sollten.

18
Die alte, doppelflügelige Haustür lag viele Jahre in einem Schuppen.

19
Als „kleine“ Modernisierungsmaßnahme war in diesem Historismusgebäude in den 50er Jahren eine neue, solide Haustür eingesetzt und die seitlich gemauerten Handläufe waren durch glatte, „zeitgemäße“ Gitter ersetzt worden.

(Gesamtansicht des Gebäudes Abb. 87)

<u>**20**</u>
Dank der Aufgeschlossenheit der Hauseigentümer konnte die ursprüngliche Tür (Abb. 18) von alten Lackschichten befreit und in die Wandöffnung eingefügt werden. Sogar Sicherheitsglas ließ sich einbauen, es wurde analog zur Entstehungszeit des Gebäudes mit typischen Ornamenten versehen. Auch die moderne Lampe konnte durch eine auf dem Speicher gefundene ersetzt werden.

Rekonstruktionen

... sind originalgetreue Nachbildungen eines durch materialbedingte Alterung oder unsachgemäße Reparaturen nicht mehr erhaltenen Gebäudes oder einzelnen Details, die in den ursprünglichen Zustand zurückgeführt werden.

Über Wert und Unwert von Rekonstruktionen ist in der Vergangenheit viel diskutiert worden. Inzwischen setzt sich eine differenzierte Beurteilung durch, und auch in der Denkmalpflege hat man sich weitgehend für die Rekonstruktion entschieden. Denn sonst wären bedeutende Bauwerke wie beispielsweise der Kölner Dom schon längst Ruinen.

Über die Rekonstruktion ganzer Gebäude kann man sehr geteilter Meinung sein. Es mag gerechtfertigt sein, das eine oder andere stadtbildprägende Gebäude, welches einen ganz besonderen Erinnerungswert besitzt, zu rekonstruieren. Andererseits müssen trotz aller Wertschätzung für historische Bauten auch eingetretene Verluste hingenommen und der zeitgenössischen Architektur die Chance für Neuschöpfungen eingeräumt werden. Denn das Alte ist nicht prinzipiell qualitätvoller als das Gegenwärtige, das Neue.

Bei der inzwischen erfolgten Wertschätzung der ikonografisch interessanten Altbauten droht das Sanierungspendel nun zur Gegenseite auszuschlagen. Stuck und Sprossenfenster sind „in" und werden heute in unserer schnellebigen Zeit oft unsensibel eingebaut nach dem Motto „Paßt!". Verlorengegangene Bauteile können heute durchaus rekonstruiert werden. Dieses Vorgehen sollte allerdings nur bei solchen Gebäudeteilen erfolgen, die anhand von alten Dokumenten oder Fragmenten belegbar sind. Neben Tür- und Fensterrekonstruktionen ist es durchaus denkbar, auch ganze Dekorationssysteme neu aufzutragen. Daneben ist es gerechtfertigt, in geschlossenen Siedlungen oder bei häufig vorkommenden Bautypen – hier sei an die fünfachsigen, zweigeschossigen Ziegelgebäude der Jahrhundertwende im Ruhrgebiet erinnert – abhanden gekommene Teile entsprechend den noch im Original erhaltenen zu rekonstruieren.

In Zweifelsfällen ist die gute Reparatur von Gebäudeteilen der Rekonstruktion vorzuziehen.

Umnutzungen

... älterer Gebäude lassen sich manchmal nicht vermeiden; ja, sie sind zu deren Erhalt oft zwingend erforderlich. Gerade in unserer gegenwärtigen wirtschaftlichen Umbruchsituation werden früher bestimmten Funktionen dienende Gebäude und Räume überflüssig und damit zunächst einmal zur „Baulast" für ein Stadt- oder Industriegebiet und nicht zuletzt für den Eigentümer.

Nicht alle ausgedienten Fabriken können in Museen umgewandelt werden. Deshalb werden Industriehallen zu Wohnzwecken umgenutzt; in alten Villen, besonders in Innenstädten, werden Büros eingerichtet, und ehemalige Ziegenställe werden zu Koch- oder Sanitärräumen umgebaut. Dagegen ist – auch aus denkmalpflegerischer Sicht – grundsätzlich nichts einzuwenden. Problematisch werden diese Umnutzungen erst dann, wenn „modernisierende" Veränderungen, insbesondere auch im Inneren der Gebäude, durchgeführt werden, die für die neue Nutzung nicht unbedingt notwendig sind. Während „Sanierungsspezialisten" die Außenfassaden der historischen Gebäude inzwischen

21, 22
Auch „kleine Umnutzungen" können den Charakter eines Hauses erheblich beeinträchtigen – hier die zugemauerte Eingangstüre und die zu auffallend angebrachte Antennenschüssel, verbunden mit den nicht stilgerecht modernisierten Fenstern und den zu breiten Giebelabdeckungen.

21

22

meist unverändert lassen, wird das Innere gründlich „entkernt“ und die alte Bausubstanz entfernt. Dies wäre in vielen Fällen gar nicht nötig. Denn wir verfügen heute über Konstruktionsweisen und Baumethoden, zum Beispiel den Trockenausbau, die in alten Gebäuden kaum Wünsche offen lassen und dennoch die Substanz erhalten.

Bevor ein Gebäude umgenutzt wird, sollten die Lebens-, Arbeits- und Nutzungsabläufe der Erbauer aufgespürt werden. Denn man muß die Möglichkeit einkalkulieren, daß nachfolgende Generationen gerade die ursprüngliche Grundrißaufteilung und die historische Ausstattung mehr schätzen als die heute „zeitgemäße“. Wie häufig wird gegenwärtig so manche erst vor 10 Jahren durchgeführte Modernisierung als Irrtum beklagt.

Einfühlungsvermögen, Respekt vor den Leistungen früherer Generationen sowie Kreativität werden von Planern, Architekten, Sonderfachleuten und Neunutzern im hohen Maße gefordert, um die begründeten, oft unterschiedlichen Vorstellungen über zeitgemäße Nutzung und Denkmalschutz in Einklang zu bringen.

Modernisieren

... bedeutet Anpassen einer Bausubstanz an den gegenwärtigen Baustandard – technisch und ästhetisch. Bei diesen Eingriffen werden Gegenwartsströmungen aufgenommen, die ältere Gebäude häufig stark verändern können. Über die tatsächliche Qualitätsverbesserung – hier ist in erster Linie an die ästhetische gedacht – urteilt meist erst die nächste Generation. Vor 20 oder 30 Jahren war die Glattsanierung und Neuverkleidung der Fassaden mit Mosaikfliesen oder Pappen mit aufgedruckten Pseudoklinkern „in". Konsequenterweise wurden natürlich auch Stuckdecken entfernt, glatte Stahlzargentüren eingebaut, alte gemusterte Bodenbeläge entfernt und Einscheiben-Fenster eingesetzt. Den „häßlichen" Altbauten sollte ein modernes, zeitgemäßes Aussehen gegeben werden.

Im technischen Bereich sind Modernisierungen in Altbauten zum Schutz und Wohle der Bewohner und für die Substanzerhaltung des Gebäudes von Zeit zu Zeit unbedingt notwendig. Materialalterungen, beispielsweise bei Gas-, Elektro- oder Wasserleitungen, erfordern technische Instandsetzungsmaßnahmen, und auch Sanitär- und Kücheneinrichtungen bedürfen der zeitgemäßen Erneuerung und Ergänzung. Häufig wird dies auch als Anlaß für eine „gründliche" Außenmodernisierung genutzt.

Nun ist es ein verständliches Bedürfnis jeder nachfolgenden Generation, die Leistungen der Eltern zu überbieten. Der kritische und aufgeschlossene Blick in viele Lebensbereiche der Vergangenheit zeigt allerdings, daß harte Brüche stets vernichtend wirken, weiter aufbauende Kontinuität dagegen der Sache – hier den Gebäuden und dem Stadtgefüge – eher förderlich war und ist.

Erfreulicherweise zeichnet sich in den letzten Jahrzehnten eine positive Anerkennung und konstruktive Kritik der Jüngeren an den Leistungen der Älteren ab. Manche Modernisierungssünden der Vergangenheit sind zwar zu bedauern, jedoch ist ihnen mit einem gewissen Verständnis angesichts der damals vorherrschenden Modernisierungspraxis zu begegnen.

Bei neuen, besseren Einsichten und Erkenntnissen besteht die Chance, vielleicht sogar die Pflicht, Fehler wieder zu korrigieren, soweit dies technisch noch möglich ist.

Dabei gibt es wahre Glücksfälle. Denn die vorhergehende Generation hat so manches alte Gebäude nur optisch im modernen Stil „blickfest" gemacht und vermutlich aus Kosteneinsparungsgründen die alte Substanz unter den modernen Materialien versteckt. An etlichen Gebäuden befindet sich unter der Außenverkleidung noch der Stuck, das Fachwerk oder das Ziegelmauerwerk. Und unter so manchem Kunststoffbelag ist der alte Parkett- oder der farbige Fliesenboden wieder zutage getreten.

Durchgreifende, stark verändernde Modernisierungen können auch heute sinnvoll und notwendig sein:

– Bei Altbauten, die durch frühere, zeitbedingte Eingriffe so stark verändert worden sind, daß sich aus den Restbeständen der ursprüngliche Zustand nicht wieder herstellen läßt. Solche Gebäude sind in ihrer Substanz so verstümmelt, daß sie als Geschichtszeugnisse aufgebraucht sind. Aufgrund des mangelnden eigenen Charakters ist in diesen Fällen ein zeitgemäßes Gepräge sicher angemessener, wahrscheinlich sogar unerläßlich.

– Bei vielen Nachkriegsbauten, die mit nicht unbedingt hochwertigen Baumaterialien erstellt wurden. Sie bedürfen jetzt insbesondere der technischen Durchsanierung. Den meisten Gebäuden dieser Zeit fehlt wegen der damals propagierten Schmucklosigkeit ein eigener Charakter. Nur einige wenige weisen unter kunsthistorischen und denkmalpflegerischen Gesichtspunkten dokumentarischen Wert auf. Bei den meisten „gesichtslosen" Gebäuden kann deshalb eine gestalterische Anpassung und Aufwertung unter heutigen ästhetischen Aspekten gerechtfertigt und sinnvoll sein. Oft ist damit auch die Verbesserung der Wohnqualität, beispielsweise durch den Anbau von Balkonen, verbunden.

23
Diese sehr zurückhaltend gestaltete Fassade war durch die bewegte Linienführung des Jugendstils – erkennbar an den Fensterformen und -unterteilungen, an den Oberlichtern – geprägt.

24
Mitte der 70er Jahre erfolgte die erste Modernisierung durch den Einbau von neuen, rechteckigen Fenstern. Unbekümmert paßte man die historischen Wandöffnungen gängigen Normen an.

25
Zur „Abrundung“ erhielt das nun unansehnliche Haus einen „neuen“ Reibeputz. Heute ahnt man nichts mehr von der einstigen Schönheit des Jugendstilgebäudes.

Energiesparmaßnahmen

... sind angesichts der immer knapper und kostspieliger werdenden fossilen Brennstoffe bei Gebäuden unbedingt notwendig. Dies trifft insbesondere für die schnell und preiswert errichteten Nachkriegsbauten zu, da die damals verwendeten Materialien nicht über die entsprechende Dichte und Masse verfügten. Verständlicherweise stand die schnelle Wiederbeschaffung von notwendigem Wohnraum im Vordergrund. Energieeinsparung blieb unberücksichtigt, dieses Thema war damals fast unbekannt.

Bei heute durchzuführenden Energiesparmaßnahmen gilt es deshalb, sehr differenziert vorzugehen. Ein großer Teil der Bausubstanz der frühen Nachkriegsjahre bedarf in vielen Fällen

26, 27, 28
Energiesparmaßnahmen an Fenstern und Wandflächen haben oft unwiederbringliche Gestaltverluste zur Folge.

26

27

28

der Wärmedämmung. Dagegen sind bis auf ganz wenige Ausnahmen ältere Gebäude wesentlich energiesparender ausgelegt, als dies heute angenommen wird. Schon aus statischen Gründen weisen die bis in die 30er Jahre errichteten Gebäude „K-Werte“ auf, die meist den heute gültigen Wärmedämmanforderungen entsprechen. Die Leichtbauweise mit Stahl und Beton kam im Wohnungsbau zwar schon in den 20er Jahren auf, setzte sich allerdings erst ab Ende der 40er Jahre verstärkt durch.

Bevor die „Totalverpackung“ eines Gebäudes durchgeführt wird, sollten zunächst „rücksichtsvollere“ Maßnahmen erwogen werden. Ein Fachgutachten mit Empfehlungen für eine substanzschonende Behandlung ist einer „gestaltdämmenden“, einfachen, schnellen Maßnahme vorzuziehen und oft sogar wesentlich kostengünstiger.

Materialveränderungen an Türen und Fenstern führen häufig zu Undichtigkeiten, die sich sehr einfach durch entsprechende Abdichtungen beheben lassen. Feuchtigkeitsdurchlässige Mauerrisse können ebenfalls das Auskühlen der Innenräume bewirken. Aussandende und schadhaft gewordene Verfugungen von Ziegelmauerwerken erhöhen die Wärmeleitfähigkeit, die zu Energieverlusten führt. Diese Beeinträchtigungen sind mit technischen und finanziell „kleinen“ Sanierungen zu beheben. Energiesparmaßnahmen, wie das Verkleiden von Heizungsnischen, das Abdecken der Dachbodendecke oder die Innendämmung des Daches mit Dämmplatten oder -matten, sind ebenfalls sehr wirkungsvoll. Weiterhin können durch den Inneneinbau von Kastenfenstern – sie haben in einigen Regionen Deutschlands eine lange Tradition – Wärmeverluste vermieden und zusätzlicher Schallschutz erreicht werden.

Sanierungskosten

... liegen in der Regel weitaus niedriger als die oft unnötigen Ausgaben für Totalmodernisierungen. Hinzu kommt, daß nicht selten bei solch kostspieligen Maßnahmen dem alten Gebäude ein recht fragwürdiger neuer Charakter übergestülpt wird, der ihm seine, wenn auch vielleicht nur bescheidene, Eigenständigkeit nimmt.

Sanieren im Sinne von Instandsetzen und „Heilen“ ist dagegen angemessener. Die früher einmal gepflegte Tradition der „Frühjahrsdurchsicht“ sollte wieder aufgenommen werden. Dabei werden die schadhaften Dachpfannen ersetzt, kleine Risse an Sockeln, Wänden oder Schornsteinen repariert oder ein Ortgangbrett erneuert. Hauseigentümer und Handwerker prüfen, ob Fenster und Türen einen Neuanstrich benötigen oder ob zur Substanzerhaltung das Überstreichen der Fensterschenkel ausreicht.

In unserer „Wegwerfgesellschaft“ hat die Originalsubstanz leider oft nur noch einen geringen Wert. „Neu statt alt“ ist die Parole, und mit griffigen, eingängigen Argumenten macht uns die Werbung die Vorteile des Auswechselns klar. Die damit verbundenen Folgekosten werden verschwiegen, sie werden erst nachträglich deutlich. Das Auswechseln der Fenster hat häufig die Erneuerung der Fensterbänke, das Einputzen von außen sowie die Renovierung des dahinterliegenden Zimmers zur Folge. Gewinner ist hierbei auf keinen Fall der Hauseigentümer, klarer Verlierer aber die historisch wichtige Bausubstanz.

Deshalb sollte auch bei größeren Schäden an Altbauten geprüft werden, über welchen Zeitraum welche Bauteile voraussichtlich noch ihre Funktion erfüllen können. Nicht jedes Dach muß erneuert werden, weil es an etlichen Stellen durchregnet. Und so manche Haustür könnte mit neuen Abdichtungen und einem neuen Schloß noch Jahrzehnte ihre Aufgabe erfüllen. Bei diesem behutsamen Vorgehen lassen sich die Kosten meist leichter verkraften, und das alte Haus wird nicht zur Bürde, sondern zur Freude und zum Stolz der Hauseigentümer.

Erstaunlicherweise wird über die kleinen Instandsetzungskosten – ich nenne sie „Portemonnaie-Einheiten“ – meist länger diskutiert als über den wesentlich größeren Betrag für eine Durchsanierung vom Dach bis zum Keller. Die relativ kleinen Sanierungsbeträge werden demgegenüber häufig als sehr schmerzlich empfunden. Gründe dafür könnten u. a. sein,

– daß der Betrag für die Instandsetzung tatsächlich meist aus dem Portemonnaie, d. h. den laufenden Einnahmen, sofort und in voller Höhe bestritten wird und eine Einschränkung in anderen Lebensbereichen nach sich ziehen kann. Der größere Betrag für eine Sanierung oder „Modernisierung“ wird dagegen häufig durch Kredite finanziert, die über Jahre verzinst und getilgt werden und somit den laufenden Haushalt mäßiger, dafür aber längerfristig belasten;

- daß die „Portemonnaie-Problematik" auf das Vorurteil zurückgeht, die ältere Substanz habe keine lange Lebensdauer mehr. Mit dem kostspieligeren Neueinbau hofft man, Sanierungskosten für Generationen zu vermeiden. Daß dies keineswegs in dieser Verallgemeinerung zutrifft, beweisen die gegenwärtig erforderlichen Reparaturen von Modernisierungsmaßnahmen der 60er oder sogar der 70er Jahre.

Jedes Eigentum, ob Haus, Auto oder Waldbesitz, bedarf der ständigen Pflege und Erhaltung, die stets mit finanziellen Dauerkosten verbunden sind. Um die schmerzlich wirkenden „Portemonnaie-Einheiten" zu verringern, ist eine Instandsetzungsrücklage mit regelmäßigen Zuführungen sinnvoll und notwendig. Für verantwortungsvolle Hauseigentümer, Eigentümergemeinschaften und Wohnungsgenossenschaften sind solche Rücklagen selbstverständlich. Ihre Höhe ist natürlich von der Größe des Gebäudes und der persönlichen Finanzsituation des Eigentümers abhängig.

Auch der Staat hat ein öffentliches Interesse am Erhalt und der Pflege historischer Einzelgebäude, ganzer Ensembles oder geschlossener Altstädte. Um den Eigentümern die Aufwendungen etwas zu erleichtern, werden staatliche Finanzzuschüsse bei Sanierungsmaßnahmen gewährt. Die Verfahren sind zwar aufwendig, die Zuschüsse aber eine willkommene Unterstützung. Daneben gibt es – leider verteilt in recht unterschiedlichen Gesetzen – Steuervergünstigungen, die, richtig genutzt, noch weitaus lukrativer sein können als die möglicherweise gewährten Zuschüsse. Inzwischen gibt es recht informative Übersichten über die einschlägigen Vorschriften in Bundes- und Landesgesetzen. Wichtig ist, daß diese Steuervergünstigungen sowohl für denkmalgeschützte als auch für nicht unter Schutz stehende Gebäude gewährt werden.

Altbauspezialisten

... nennen sich heute viele angesichts der rückläufigen Neubautätigkeit. Doch hier wie in vielen anderen Bereichen ist es manchmal nicht leicht, „die Spreu vom Weizen zu trennen". Erschwerend kommt hinzu, daß die guten Fachleute mit Aufträgen so in Anspruch genommen sind, daß ihnen meist die Zeit für werbewirksame Selbstdarstellungen fehlt.

Bei der substanzschonenden Sanierung von älteren Gebäuden sind zunächst die Handwerker, die Restauratoren, dann die Denkmalpfleger, möglicherweise die Architekten und in Spezialfällen die Sonderfachleute gefragt und beteiligt.

Handwerker sind auch heute noch bei Sanierungen und Reparaturen diejenigen, von denen – trotz ihrer technischen Hilfsmittel – vielfältige Qualifikationen verlangt werden. Bedauerlicherweise legte man bis vor ca. 20 Jahren wenig Wert auf die Vermittlung von Handwerkstechniken, die bei der Sanierung älterer Gebäude erforderlich sind. Leider ist so manche „gut gemeinte", zerstörende Modernisierung auf dieses Defizit zurückzuführen.

Bereits in den 70er Jahren ist diese Problematik von den Berufsorganisationen des Handwerks erkannt worden. Als Reaktion führten Institutionen, Verbände und auch Hersteller- und Zuliefererfirmen Weiterbildungsmaßnahmen durch. Darüber hinaus können Handwerksmeister sich seit ca. 10 Jahren durch eine Zusatzausbildung zum Restaurator im jeweiligen Fachbereich qualifizieren. Die Bezeichnung „Restaurator im Handwerk" weist die Handwerksmeister aus, die eine bis zu 1000 Unterrichtsstunden umfassende Theorie- und Praxisausbildung mit abschließendem Examen absolviert haben.

Daneben gibt es vor allem viele ältere qualifizierte Handwerker, die während ihrer Ausbildung von ihren Meistern noch etliche inzwischen verlorengegangene Techniken und Materialverarbeitungen gelernt haben und diese auch heute noch anwenden können. Erfahrungsgemäß sind diese Fachleute in kleineren Betrieben oder häufig als „Altgesellen" in Großbetrieben anzutreffen.

Restauratoren weisen gegenüber den „Restauratoren im Handwerk" noch weitaus umfangreichere Kenntnisse und Fertigkeiten auf. Durch mehrjährige Ausbildung an Hochschulen erwerben sie auf Spezialgebieten wie der Steinkonservierung oder der Wandmalerei sehr umfassende theoretische und praktische Fähigkeiten, die insbesondere bei sehr schwierigen Sanierungen an bedeutenden Kunstdenkmälern notwendig sind. Aber auch bei schlichteren oder nicht unter Schutz gestellten Objekten kann die Beratung eines Fachrestaurators für die notwendigen Maßnahmen sehr hilfreich sein. Seine Beratung kommt einem Gutachten gleich, in dem den Handwerkern konkrete Restaurierungsempfehlungen für die Instandsetzung gegeben werden.

Denkmalpflegern obliegen sehr vielseitige Aufgaben. In erster Linie sollen sie unter kunst- und sozialgeschichtlichen Aspekten die Bedeutung eines Objektes für den Ort, die Region oder für ein Land beurteilen. Ihre Hauptaufgabe besteht in der Abwehr von Gefahren für das Denkmal durch unsachgemäße Behandlung und der Erarbeitung von Empfehlungen für seine Pflege oder mögliche Sanierungen.

Darüber hinaus werden sie als Berater und helfende Problemlöser bei Umnutzungen, konkreten Restaurierungsfragen oder als Vermittler von qualifizierten Sonderfachleuten tätig. Wenn es die Zeit- und Personalsituation erlaubt, führen Vertreter der Denkmalbehörden auch bei nicht denkmalgeschützten Objekten entsprechende Beratungen durch. Für diese wichtigen, komplexen Aufgaben bedarf es in den Denkmalbehörden Mitarbeiter, die gleichermaßen kunsthistorisch kompetent und fähig sind, zwischen öffentlichen Denkmalinteressen und praktischen Nutzungsanforderungen abwägen zu können. Dazu gehört auch ihre Offenheit, sich in Spezialfragen mit Sonderfachleuten zu beraten. Erfreulicherweise nimmt die Zahl solcher Denkmalpfleger in den letzten Jahren zu.

Architekten sind von ihrem beruflichen Selbstverständnis her Baumeister, die auf den gegenwärtigen ästhetischen, gesellschaftlichen und technischen Grundlagen und Bedingungen Bauformen entwickeln und umsetzen, die Ausdruck der Zeit sind. Die behutsame Instandsetzung älterer Gebäude fällt nicht in den eigentlichen Aufgabenbereich der Architekten, da sie sich der vorgefundenen Situation unterordnen müssen – die Eigenschöpfung unterbleibt zwangsläufig.

Heute werden zwar von Architekten einzelne historische Teile an Gebäuden erhalten; dann aber wird mit modernen Formen und Materialien „weitergebaut". In dieser Stilmischung wird ein besonderer Reiz und eine zeitgemäße architektonische Leistung gesehen – leider damit aber auch gute und erhaltenswerte Substanz auf Dauer zerstört.

Seit einigen Jahren engagieren sich erfreulicherweise immer mehr Architekten für die erhaltende Instandsetzung und führen sie auch durch, obgleich die „gründliche Durchsanierung" honorarmäßig lukrativer wäre. – Bei der Umnutzung von Gebäuden können natürlich bauliche Eingriffe erforderlich sein. Dennoch könnten – auch unter dem Aspekt einer zukünftigen Nutzung – wesentlich mehr vorhandene Bauteile erhalten werden, als dies bislang geschieht.

Sonderfachleute kennen sich auf einem speziellen Fachgebiet besonders gut aus, z. B. den historischen Baumethoden und Konstruktionsweisen, der dekorativen Gestaltung und der Farbigkeit sowie der zur jeweiligen Bauzeit verwendeten Materialien. Diese Spezialisten sind in der Lage, die konstruktive Tragfähigkeit, die mögliche Lebensdauer von Materialien, die Feuerbeständigkeit alter Bauten und die zwischenzeitlichen Veränderungen der verwendeten Baustoffe zu beurteilen und weiterführende Hinweise für die Instandsetzung zu geben. Diese umfassenden Substanzanalysen sind bei Altbauten sehr wichtig, da frühere Baumethoden teilweise in Vergessenheit geraten sind und dies heute leicht zu Fehlbeurteilungen führen kann. So sollte beispielsweise in einer Stadt ein sehr interessantes Jugendstilensemble abgerissen werden, weil angeblich die – nach den Methoden für funktionalistische Gebäude berechnete – Statik nicht mehr ausreichte. Spezialstatiker bewiesen jedoch unter Anwendung historischer und auch heute noch gültiger Berechnungsmethoden die unveränderte Standfestigkeit dieser Bauten.

Aufgrund der Gutachten der Sonderfachleute sind dann auch die übrigen Sanierungsspezialisten in der Lage, Instandsetzungsarbeiten durchzuführen.

Qualifizierte Altbauspezialisten von den selbsternannten zu unterscheiden, ist nicht immer einfach. Am ehesten lassen sie sich an ihren Leistungen erkennen, und dafür lohnt sich die Mühe der Informationsbeschaffung. Daneben ist auch die konkrete Frage nach der erworbenen Qualifikation gerechtfertigt. Denn wiederholt durchgeführte „Sanierungen" derselben Art müssen nicht schon deshalb gut sein, weil sie bereits häufig erfolgt sind. Es könnte sich ja auch um lediglich „gut gemeinte" Arbeiten handeln!

Vielleicht mehr noch als bei Neubauten ist bei der Altbausanierung die kooperative Zusammenarbeit vieler Spezialisten zum Wohle und zum langfristigen Erhalt der Gebäude notwendig. Bedauerlicherweise sind der alte Bauhüttengrundsatz und die theoretischen Arbeitsprinzipien des Bauhauses heute in Vergessenheit geraten. Denn nach ihnen wurde die Vollendung oder die gute Renovierung eines Bauwerks in der engen und gleichrangigen Zusammenarbeit aller am Bau beteiligten Fachleute gesehen.

„Charme des Gebrauchten"

... ist bei uns „ordentlichen" Deutschen nicht unbedingt eine geschätzte Qualität. Das Neue, Glatte, Pflegeleichte genießt noch immer mehr Wertschätzung als das etwas Verschlissene. Die Benutzung von Bauwerken hinterläßt nun aber Spuren am Äußeren und im Inneren, die einen Teil ihrer Geschichte bilden.

Viele Baumaterialien werden durch ständige Inanspruchnahme bzw. durch den Einfluß von Wind, Wetter und Sonneneinstrahlung in ihrer Materialeigenschaft keineswegs schlechter, sie verschleißen lediglich ästhetisch. Dabei kann nicht grundsätzlich festgestellt werden, daß Naturmaterialien ästhetischer altern als künstlich hergestellte. Denn sowohl Dachziegel als auch Klinker und viele Farbmaterialien werden seit Jahrhunderten künstlich produziert. Das gleiche gilt für Putze, Terrazzoböden, gegossene Kunststeintreppen sowie Türscharrierungen. Andererseits haben sich in den letzten 30 Jahren etliche Materialien herauskristallisiert, die mit zunehmendem Alter immer unansehnlicher werden, weil der Schmutz auf ihnen haftet und eine klebrige Schicht bildet.

Während man in Altstädten die ausgetretenen Bürgersteige, die teilweise noch vorhandenen Karrenspuren oder sogar kleinere Steinbeschädigungen durch Splitter aus dem 2. Weltkrieg als ein Stück Zeitgeschichte ansieht, ist man am eigenen Objekt emsig bemüht, Spuren der Vergangenheit zu beseitigen. Hier soll nicht die „Lust am Verfall" propagiert werden, sondern auf durchaus hinnehmbare Verschleißspuren an einem Gebäude hingewiesen werden. Nicht jede Treppe, deren Stufen leicht ausgetreten sind, muß erneuert werden, und auch nicht jedes Fenster bedarf der Auswechselung, nur weil das Holz leichte Schrumpfspuren aufweist oder der Kitt verrottet ist.

Ensembles

... sind Baugruppen, Straßenzeilen, geschlossene Siedlungen oder Ortskerne, die durch entstehungsgeschichtliche Zusammenhänge geprägt sind und daher ortsbildprägenden Charakter haben. Häufig stellen sie wichtige Dokumente in der architektonischen Entwicklung eines Baugefüges – Stadt oder Dorf – dar. Unter diesem Gesichtspunkt wird den Ensembles in allen geltenden Denkmalschutzgesetzen besondere Beachtung geschenkt und die Möglichkeit eingeräumt, solche städtebaulich zusammenhängenden Gruppen unter Ensembleschutz zu stellen.

Ensembles sind meist durch zeittypische Bauauffassungen und -ausführungen geprägt. Bei Neubauten in Ensembles sollte deshalb die heutige architektonische Formensprache unter Berücksichtigung der Grundstrukturen oder Kleinteiligkeit der vorhandenen Baustruktur ausgeführt werden. Bauen im „historischen Kontext" hat sich als integratives Vorgehen durchgesetzt. Leider wird heute so mancher Betonklotz – vor 20 Jahren Ausdruck der damaligen Gegenwartsarchitektur – als formale Belastung für ein Stadtbild oder eine Straßenzeile angesehen.

Auch bei der Ensemblefarbigkeit gilt es, die „Richtfarben" – beispielsweise das vorhandene Ziegelrot oder das Grün eines Sandsteingebäudes – als „Leitfarbe" aufzunehmen und die Putzgebäude in ähnlichen Bunttönen oder unbunten Farben zu fassen. Dadurch entsteht insgesamt ein harmonischer Gesamteindruck, bei dem die gewünschte Individualität erhalten bleibt. Gleichzeitig kann bei einer baulichen Vielfalt eines Ensembles die Farbe als ordnendes und verbindendes Element eingesetzt werden.

29 (H)
Die dominierende Backsteinfarbigkeit war richtunggebend für die Neufassung der Putzbauten und der Stuckdetails.

30
Ob hier nicht bezüglich der Farbgebung etwas mehr Rücksicht auf die Nachbarn rechts und links angebracht gewesen wäre?

31
Bei diesem Ensemble mit Bauten, die zwischen 1900 und 1980 entstanden, wurde von der Backsteinfarbigkeit des historischen Gebäudes ausgegangen und mit immer heller werdenden Farbnuancen zum fast weißen Neubau (links – nicht sichtbar) übergeleitet.

32 (E)
Verschiedenfarbige, dennoch in Helligkeit und Farbrichtung ähnliche Töne sichern die Individualität des Einzelhauses und wirken bei diesem Ensemble gleichzeitig verbindend.

Weitere Verweise auf Abbildungen zu diesem Thema finden Sie auf Seite 169 ff.

33

Durch optische Aufweitung mit hellen Fensterfaschen erhielt das dekorationslose mittlere Gebäude zwischen den beiden farbig festgelegten, reich gegliederten Häusern einen Eigenwert. Der etwas vergraute Gelbton stellt eine Verbindung zwischen den beiden Nachbargebäuden dar.

34

In der stark durchgrünten, ehemaligen Industriesiedlung dominieren helle, fast unbunte Gebäudefassungen.

Doppel- und Reihenhäuser

... bilden eine architektonische Einheit. Diese sollte auch im Gesamterscheinungsbild erhalten bleiben.

Bei Renovierungen ist eine Abstimmung hinsichtlich Farb- und Materialauswahl Ausdruck von nachbarschaftlichem Einvernehmen und Rücksichtnahme. „Einhäusige" Individualität kann Doppel- und Reihenhäuser vertikal optisch zerstören.

Besonders schwierig ist eine Einigung bei der Sanierung von Reihenhäusern in Privatbesitz zu erreichen. Hier könnten farbig gleichgefaßte Fenster oder Haustüren bei unterschiedlich gestalteten Wandflächen verbindend wirken.

Muß dennoch aus irgendwelchen Gründen – z. B. der Substanzsicherung – ein Hauseigentümer eine Instandsetzung zeitlich der Maßnahme des Nachbarn vorziehen, so sollte bereits zu diesem Zeitpunkt über die zukünftige Farbigkeit oder Materialverwendung gesprochen werden. Ist dies – aus persönlichen Gründen – schwer möglich, so kommt man dem Nachbarn am ehesten entgegen, wenn man eine farbig zurückhaltende Neufassung wählt, der sich der Nachbar vielleicht nach einem Meinungsbildungsprozeß anschließen kann.

35
Nach der Privatisierung der Reihenhauszeile gab es keine Grenzen für die zerstörende Individualität.

36
Der gleiche Haustyp – diesmal unter Ensembleschutz mit Gestaltungssatzung und Beratung.

37

38

39

37, 38, 39
Doppelhäuser in ehemaligen Werkssiedlungen, in denen durch Gestaltungssatzung die nachbarschaftliche Einigung bei der Farbgebung zwingend ist.

Fachwerk an Gebäuden

... wurde nach langer Zeit der Verachtung im 17. und 18. Jahrhundert erst im späten 19. Jahrhundert als typisch deutsche Bauweise wieder entdeckt und geschätzt. Sowohl im Historismus, im Jugendstil und vereinzelt auch in den 20er Jahren wurden Fachwerkkonstruktionen bevorzugt an Giebeln, Vorbauten und Erkern konstruktiv, allerdings vorwiegend aus dekorativen Überlegungen, ausgeführt. In der Frühzeit des Historismus schätzte man zunächst die regional vorkommenden Fachwerkkonstruktionen. Zur Zeit des Jugendstils wurde diese Einschränkung aufgegeben und überregional historisch bekannte Fachwerkkonstruktionen bei den Neubauten eingesetzt.

40, 41 (J)
Gleiche Haustypen in zwei verschiedenen ehemaligen Zechensiedlungen. Das linke Haus wurde gründlich „durchmodernisiert", das rechte behutsam instand gesetzt (bis auf die Fenster).

42 (J)
Fachwerkgiebel in nordischer Konstruktionsweise mit interessanter Blumenkastengestaltung.

43 (J)
Ziegelgebäude, kombiniert mit konstruktiv eingebautem Fachwerk.

44 (J)
Die Kanten der Holzreliefs wurden durch zarte, farbige Linien betont.

44

Die in den 80er Jahren wiederentdeckten Farbfassungen an niedersächsischen Fachwerkgebäuden führten im westfälischen und im rheinischen Raum zur Neufassung nach historischen Befunden. Deshalb gilt es heute, bei Sanierungen nach Farbspuren oder Gefacheausmalungen zu forschen. Ermittelte Farbschichten bedürfen allerdings der fachkompetenten Interpretation. Denn damals verwendete man häufig farbige Holzschutzmittel, die heute fälschlicherweise als Erstfassung interpretiert werden.

Bei der erfolglosen Suche nach Befunden gilt die regional tradierte Farbigkeit als Orientierung für die Neufassung der Holzkonstruktionen.

45 (20er Jahre)
Eigenwillige Erkergestaltung am Besitz eines ehemaligen Schreinermeisters. Die originale Farbfassung stammt aus den frühen 20er Jahren.

Weitere Verweise auf Abbildungen zu diesem Thema finden Sie auf Seite 169 ff.

46 (H/J)
Erkerabschluß mit Fachwerkkonstruktion an einer durch unterschiedliche Putzstrukturen gegliederten Fassade.

47 (J)
Farbfassung entsprechend der nach 1900 auflebenden Fachwerkfarbigkeit nach niedersächsischer Tradition, die von den zahlreichen in Hildesheim/Holzminden ausgebildeten Architekten ins Ruhrgebiet gebracht wurde.

46

47

Natursteingebäude

... blieben vereinzelt bereits im Klassizismus und dann wieder in der Romantik ohne deckenden Anstrich. Bis dahin galt das natürliche Steinmaterial als barbarisch und rauh und mußte durch Anstriche, Schlämmen oder Putze „entmaterialisiert" werden.

Erst im Historismus wirkte sich die romantisch begründete, naturverbundene Materialästhetik auf die Bauausführung aus. Zahlreiche Natursteingebäude enthielten keine oder nur teilweise Farbfassungen. Da im Bauboom des auslaufenden 19. Jahrhunderts Steinfassaden insbesondere für die großen Mietshäuser zu kostspielig waren, wurden viele Stuckfassaden mit Feinputzen beschichtet, denen farbige Steinmehle beigemischt waren, um so ein „steinsichtiges" Aussehen zu erreichen.

Von 1900 bis heute ist die Natursteinästhetik stetig angestiegen. Die Wertschätzung nahm in dem Maße zu, wie die Baudekoration und der Schmuck verlorengingen.

Die Art des Mauerwerks gab bis in die 20er Jahre Aufschluß über den Wohlstand des Erbauers und/oder die Bedeutung des Gebäudes. Ein Bossenmauerwerk aus regelmäßig behauenen Natursteinen war verständlicherweise kostspieliger als ein Bruchsteinmauerwerk.

48
Typisches Bruchsteinhaus im Ruhrtal aus der Mitte des vergangenen Jahrhunderts. Auch wenn sich die ursprüngliche Gebäudekonzeption noch erahnen läßt, wirken die aufgerissenen Wandöffnungen, das große Dach und die „moderne" Türe mit Kunststeingewände sehr beeinträchtigend.

49
Nur zwei Kilometer von dem oben abgebildeten Haus (Abb. 48) entfernt befindet sich ein sehr ähnliches Gebäude, das weitgehend behutsam instand gesetzt wurde.

50 (R)
Giebelständiges Bruchsteingasthaus aus den 60er Jahren des 19. Jahrhunderts.

51 (J)
Detail eines Bossenmauerwerks, kombiniert mit unterschiedlich bearbeiteten Ruhrsandsteinen.

52 (R/FH)
Ehemalige Villa mit Mezzaningeschoß aus der Mitte des vergangenen Jahrhunderts. Die Mittelachse ist mit glatt poliertem Ruhrsandstein betont. Das Kranzgesims unter dem Dachabschluß bildet den einzigen plastischen Schmuck.

Heute können Steinschäden mit den passenden Steinmaterialien und den zur Entstehungszeit angewandten handwerklichen Bearbeitungsmethoden behoben werden. Steinersatzmaterialien eignen sich besonders für kleinere Oberflächenschäden.

Alte deckende Anstriche auf Naturstein sollten immer entfernt werden. Denn seit über 150 Jahren wird die Materialfarbigkeit bewußt als Stilelement eingesetzt.

Durch eine substanzschonende Reinigung wird der Reiz des natürlichen Materials wieder erlebbar. Zum Substanzschutz gibt es mehrere Steinkonservierungsmethoden, die allerdings von den Fachleuten teilweise recht unterschiedlich beurteilt werden.

53
Umgenutztes ehemaliges Scheunen- bzw. Stallgebäude mit den noch ursprünglichen gußeisernen Rundbogenfenstern.

54 (J)
Futuristisches Jugendstilgebäude in einer ehemaligen Künstlerkolonie des Industriegebietes.

55 (E)
Glatte Natursteinplatten und ein markanter Gebäudeabschluß geben dem Wohnhaus einen sehr eigenen Charakter.

56 (J)
Unterschiedliche Oberflächenbehandlungen des Ruhrsandsteinmaterials prägen dieses Villengebäude.

57 (J)
Detail an einem Geschäftshaus.

Weitere Verweise auf Abbildungen zu diesem Thema finden Sie auf Seite 169 ff.

Naturstein und Putz

... wurden unter gestalterischen Gesichtspunkten, aber auch zur Kosteneinsparung miteinander an Fassaden kombiniert. Im späten Historismus, vor allem im Jugendstil, aber auch in den 30er und 50er Jahren unseres Jahrhunderts wurden Putze mit unterschiedlichen Sandsteinen wie dem rötlichen aus der Mainregion, dem beige-bräunlichen des Ruhrgebietes, dem grünlichen vom Nordrand des Sauerlandes (Anröchte) oder dem grau-schwarzen aus der Eifel (Vulkangestein) kombiniert. Putzflächen erhielten je nach Stilrichtung plastische oder flächige Dekorationssysteme. In der Spätzeit des Jugendstils waren Kombinationen unterschiedlicher Putzstrukturen beliebt, die häufig sehr flächig und formenreich durchgestaltet wurden. Schließlich kamen zwischen 1860 und 1930 häufig auch Glattputze vor.

Bei der Neufassung des Putzes wird die architektonische Geschlossenheit eines Gebäudes am ehesten erreicht, wenn Bunttöne von der vorhandenen Materialfarbigkeit abgeleitet und mit einer oder mehreren hellen Farben kombiniert werden. Weiter sind die zum Materialfarbton passenden farbigen Grautöne zu empfehlen. Bei rotem Sandstein sind möglichst immer rötliche Graunuancen zu verwenden, weil Rosatöne leicht „süßlich" wirken und nicht unbedingt zu Sandstein passen.

58
Durch die Buntfarbe werden die Sandsteindetails in ihrer Wirkung optisch stark beeinträchtigt.

***59* (H/J)**
Mit drei unterschiedlichen Helligkeiten von einem aus dem grünbräunlichen Bossenmauerwerk abgeleiteten Farbton erfolgte eine architekturklärende, harmonische Putzgestaltung.

60 (E)
Für die gegliederten Putzflächen wurden aus der Bruchsteinfarbigkeit zwei in ihrer Helligkeit kontrastreiche Farbtöne abgeleitet.

61 (H)
Ausgehend von der Sandsteinfarbigkeit erhielt das Putzmauerwerk einen stark aufgehellten Anstrich.

62 (J)
Putzflächenfassung im Sandsteinfarbton, das Dekorationssystem sowie Fensterlaibungen und Faschen sind in daraus abgeleiteten Farbtönen gestrichen.

63 (J/20er Jahre)
Der Anröchter Sandstein ist richtunggebend für die korrespondierenden drei vergrauten Grüntöne. Weiße Fenster sowie „gebrochen" weiß gestrichene Laibungen und Faschen verleihen dem Gebäude Klarheit.

64
Wandflächenputz korrespondierend zu dem Natursteinsockel und den -einfassungen der Fenster.

Weitere Verweise auf Abbildungen zu diesem Thema finden Sie auf Seite 169 ff.

Ziegelgebäude

... ohne Verputz und Anstrich setzten sich in den 40er Jahren des 19. Jahrhunderts in Deutschland verstärkt durch. Denn die in naturrotem Backstein belassene Berliner Bauakademie hatte in den 30er Jahren großes Aufsehen erregt. Zur Zeit der Romantik und auch später im Historismus fand das naturbelassene Material in seiner Farbigkeit immer mehr Anhänger. Die Ziegelbauweise in unterschiedlicher Ausführung setzte sich mehr und mehr durch. Für Fassaden an repräsentativen Bürgerhäusern oder Verwaltungsbauten verwendete man einwandfreie, häufig interessant geformte Ziersteine. An den rückwärtigen Wandflächen und bei einfacheren Gebäuden verarbeitete man farbig nicht unbedingt einheitliche Ziegel, teilweise sogar Fehlbrände, die dann durch einen roten Lasuranstrich in ihrer Farbigkeit egalisiert wurden.

Bis in die 30er Jahre sind Ziegelgebäude – auch einfache Siedlungs- und Mietwohngebäude – sehr interessant gegliedert, mit unterschiedlichen Schmuckformen versehen oder mit einer aus dem Ziegelformat sich ergebenden Ornamentik gestaltet worden.

Bei Sanierungen sind deckende Anstriche auf Ziegelgebäuden der letzten 150 Jahre möglichst schonend zu beseitigen und das Ziegelmauerwerk in seiner ursprünglichen Farbigkeit zu belassen.

65
Ein gegliedertes Ziegelgebäude, wärmegedämmt und auf „altdeutsch" getrimmt. Heute „zieren" aufgedübelte Fachwerkbretter, weißer Putz und Butzenscheiben das Haus.

66 (H)
Typisches Ziegelhaus mit einem im Dach endenden Mittelrisalit. Reizvoll gestaltete Ziegelschmuckbänder beleben Wand-, Giebel- und Fensterabschlüsse.

67 (H)
Ein sehr schlichtes fünfachsiges Ziegelgebäude. Die mit mittelgrauem Mörtel sanierten Fugen hellen das Mauerwerk insgesamt auf.

68 (J)
Behutsam instand gesetztes Ziegelgebäude einer ehemaligen Zechensiedlung. Der in früheren Jahren aufgeputzte Sockel erhielt einen dem Ziegelfarbton angepaßten Anstrich. (Die Fenster stammen noch aus einer früheren Modernisierungsphase.)

Leider wird der Reiz älterer Ziegelgebäude häufig geringer eingeschätzt als der von Stuck-, Fachwerk- oder Natursteinhäusern, vermutlich wegen des meist dunklen Mauerwerks. Die dunkle Wirkung erfährt durch weiße Fenster eine recht kontrastreiche Frische und Lebendigkeit. Auch Ausfugungen mit hellem bis mittelgrauem Mörtel führen zur Aufhellung des Mauerwerks.

69 (F)
Typisches Ziegelgebäude aus den frühen 50er Jahren.

70 (E)
Expressionistisches Ziegelgebäude mit Sandsteindetails.

71 (E)
Detail von Abb. 70.

72

72, 73
Expressionistische Schmuckdetails.

Weitere Verweise auf Abbildungen zu diesem Thema finden Sie auf Seite 169 ff.

Ziegelgebäude mit Dekor

... haben seit über 150 Jahren Tradition. Die materialbedingten dunklen Wandflächen wurden durch helle Schmuckbänder und farbige Fenstereinfassungen gegliedert und aufgelokkert. Auch mit farbig glasierten, hart gebrannten Ziegeln schmückte oder gliederte man dekorativ Fassaden, Fenster und Türumrahmungen.

74
Durch Reinigen könnte auch dieses Ziegelgebäude in seiner gliedernden Farbigkeit und seinen reizvollen Details – Palmetten, dekorative Ziegelbänder und Kranzgesims – wieder erlebbar werden.

75 (H/J)
Nach Entfernen des deckenden, grauen Anstriches kam diese interessant gegliederte Fassade zum Vorschein.

Statt Stuckornamenten schätzte man wegen ihrer Farbbeständigkeit an Jugendstilgebäuden farbige Kachelbilder, Mosaikflächen und Tonreliefs. Ziegelmauerwerk in Verbindung mit farbigem Sandstein kam – regional in recht unterschiedlichen Ausführungen – ebenfalls gelegentlich vor.

76

77

76 (H)
Pfarrhaus mit farbig unterschiedlich glasierten Schmuckziegeln, die das rote Mauerwerk interessant gliedern und dauerhaft farbig beleben.

77 (H)
Detail aus Abb. 76.

78 (H)
Ziegelmauerwerk kombiniert mit Ruhrsandstein an einem Neorenaissance-Gebäude.

78

Bei der Instandsetzung der hier erwähnten Gebäudeausführungen reicht meist eine schonende Reinigung und ggf. eine Fugensanierung zur Wiederherstellung des ursprünglichen Erscheinungsbildes aus.

79, 80 (H)
Dekorative Gliederungen sind durch die verschiedenfarbigen Schmuckziegel erreicht worden.

79

80

81 (H)
Flächengestaltungen mit vielfarbigen Mosaiksteinen (teilweise beschädigt) zieren den Giebel eines ansonsten mit Blendziegeln und Putz gestalteten Gebäudes.

81

82 (J)
In Fliesen gebranntes Jugendstildetail über einer Haustüre.

Ziegelmauerwerk mit Putz

... war auf eine kontrastreiche Wirkung angelegt, wobei die Putzflächen meist hell gefaßt waren. Darüber hinaus erhielten etwa zwischen 1880 und 1920 Putzflächen des öfteren farbige Malereien in unterschiedlichen Techniken sowie Sgraffitobilder. Gelegentlich sind eingelegte Dekorkacheln und Mosaiken als Schmuckelemente über Türen oder unter Dachabschlüssen zu finden. Deshalb sollte in all diesen Bereichen immer nach Befunden geforscht werden.

Für die Putzflächen ist ein möglichst hellgrauer Anstrich – weiß wäre zu hart – am neutralsten.

83 (J)
Dekorationssysteme in sehr ähnlicher Farbe wie das dominierende Ziegelmauerwerk lassen den Reiz dieses Gebäudes optisch verschwinden.

84 (J)
Der gleiche Gebäudetyp, bei dem die wenigen Schmuckformen und die Fugen durch etwas hellere Grautöne deutlich sichtbar wurden.

Die ursprünglich angestrebte Wirkung wird damit am ehesten wieder erreicht. Auch mit zwei Helligkeiten eines grauen Farbtones, dem eine geringe Menge ziegelroten Pigments beigemischt wird, kann eine dekorative, architekturdienende Gestaltung erreicht werden.

85 (H/J)
Ziegelmauerwerk in Verbindung mit lichtgrauen Putzflächen führt zu markanten Gestaltungen, die auch ursprünglich angestrebt worden waren.

86 (H/J)
Die farbige Fassung plastischer Putzdetails ist aus der Ziegelfarbigkeit durch Aufhellung mit Weiß erreicht worden. Die helle Ausfugung belebt den Binderverband der Wand.

87 (H)
Das plastische Dekorationssystem wirkt durch die drei unterschiedlichen rötlichen Grautöne noch klarer, eine zur Entstehungszeit des Gebäudes häufig vorkommende Interpretation.

88
Durch die lichtgraue Fassung aller Putzteile wird die interessante Gliederung dieses Gebäudes in einer ehemaligen Industriesiedlung erlebbar.

89

90

89 (J), 90 (E)
Markant gegliederte Wohnhäuser in ehemaligen Zechensiedlungen.

91 (H)
Unter der deckenden Weißfassung des Mauerwerks wurde die ursprünglich angelegte Gliederung durch Ziegelbänder freigelegt. Die Putzflächen erhielten einen Anstrich im rötlichen Grau, die Fensterfaschen und -laibungen einen in einem davon stark aufgehellten Farbton.

Weitere Verweise auf Abbildungen zu diesem Thema finden Sie auf Seite 169 ff.

Putzgebäude

... wirken, monochrom gefaßt, in ihrer architektonischen Konzeption äußerst harmonisch und geschlossen, seien sie nun schmucklos geblieben oder mit flächigen bzw. mehr plastischen Dekorationssystemen versehen. In der Baufarbgestaltung ist dieses Prinzip der Monochromie seit Jahrhunderten geschätzt. Die Gründe dafür liegen u. a. in der Wahrnehmung von Farben – einem physiologisch unbewußt ablaufenden Prozeß –, in der Farbveränderung von Anstrichfarben durch das unterschiedlich gefärbte Tageslicht und der Pigmentveränderung durch UV-Einwirkungen und Witterungseinflüsse. Auf die sehr komplexen Zusammenhänge kann hier nicht eingegangen werden.

Bei der Neufassung eines Putzgebäudes ist nach der Befunderhebung zunächst die grundsätzliche Entscheidung für den bunten oder unbunten Ton, der an der Fassade verwendet werden soll, zu treffen. Doch nicht alle Bunttöne werden von Menschen als gleich oder ähnlich angenehm empfunden.

Sympathiewerte von Farben

... sind abhängig von regionalen Baufarbtraditionen und der jeweiligen „Farbmode", auf die im Zusammenhang mit der Übersicht über Farbbewegungen bereits hingewiesen wurde. Welche Farben als angenehm oder unangenehm empfunden werden, hängt u. a. auch vom Alter, von den Sehgewohnheiten, der Sehfähigkeit, der psychischen Befindlichkeit und dem Geschlecht des Betrachters ab. Bis Anfang der 90er Jahre konnten die bei der Fassadengestaltung beliebtesten Bunttöne aus vielen Farbtonkarten recht gut ermittelt werden; sie hatten sich in den vergangenen Jahren anhand der Absatzzahlen der Fassadenfarbenhersteller herauskristallisiert. Als Antwort auf den in den letzten Jahren zu beobachtenden Trend zur „exklusiven" Farbigkeit – eine neue Polychromie – haben etliche Farbenhersteller seit ca. 1990 mit der Ausweitung vorhandener Farbtonkarten reagiert und wieder brillante Bunttöne in sogenannte „Designerkarten" aufgenommen. Einige Hersteller ordnen ihre Produkte neutralen, auf farbmetrischer Basis erstellten Farbsystemen zu und dokumentieren damit, sämtliche Farbwünsche erfüllen zu können. Häufig führen diese Produzenten daneben auch eine Farbenkollektion, die auf der Monochromie basiert.

92
Unsympathische Farbe, 1992 grau überstrichen.

Bei der Gestaltung von Außenfassaden gilt es immer, Rücksicht zu nehmen. Denn das Äußere eines Gebäudes ist Teil des öffentlichen Raumes, in dem sich möglichst viele, sehr unterschiedliche Menschen wohlfühlen sollen. Nach wie vor gilt der alte Grundsatz: „Farbe soll anregen, nicht aufregen". Starke, vielleicht sogar extreme Farbvorlieben und -kombinationen gehören deshalb in den privaten Wohn- oder sonstigen Erlebnisbereich.

Wenn diese Rücksichtnahme geübt wird, können farbige, anmutig und harmonisch wirkende Gebäudefassungen Ensembles und Städte in ihrem Erscheinungsbild sehr positiv prägen und beleben.

Dekorationssysteme

... werden die auf einer glatten Wandfläche plastisch aufgetragenen, meist zusammenhängenden Schmuckkonzepte genannt. Dazu gehören auch in den Putz tief eingekerbte Linien und Flächen.

Bei sehr plastischen Dekorationssystemen sollten Farben sehr zurückhaltend eingesetzt werden, schmucklose Gebäude können dagegen durch einen starkfarbigen Akzent – je reiner die Farbe, desto kleiner die Fläche – aufgewertet werden.

Unklarheit besteht heute immer noch darüber, ob plastische Dekorationssysteme zur Entstehungszeit farbig abgesetzt waren oder nicht. Zwischen 1870 und 1920 kamen beide Gestaltungsrichtungen vor. Die unterschiedlichen Interpretationen von Dekorationssystemen – hell auf dunkler Wandfläche oder umgekehrt – lassen sich recht gut aus den Schwarzweißaufnahmen und den dort feststellbaren verschiedenen Helligkeiten ableiten, z. B. Abb. 3-12.

Ein reich gegliedertes Gebäude sollte in drei, maximal vier unterschiedlichen Nuancen angelegt werden. Die Kombination unterschiedlicher Helligkeiten – in den Farbtonkarten der Hersteller sind sie in Hellbezugswerten angegeben – entscheidet über die Gesamtwirkung des Gebäudes:

- **Dezent** wirken Fassaden, wenn die Hellbezugswertdifferenzen um 15 liegen. Bei sehr plastischen Dekorationssystemen ist dieser Unterschied wegen der starken Schattenwirkung unbedingt erforderlich. Bei glatten Wandflächen ist der Kontrast recht gut erkennbar.

93
Zu „dezente" Monochromie führt zur Unklarheit. Der Kontrast der beiden Farbtöne ist zu gering.

94 (H)
Architekturdienende Interpretation des Dekorationssystems mit drei unterschiedlichen Nuancen eines Farbtones.

95 (J)
Schlichtes Reihenhaus mit klarem Dekorationssystem.

96 (H)
Dezente, dennoch „lesbare" Ausdeutung der Stuckdetails.

Weitere Verweise auf Abbildungen zu diesem Thema finden Sie auf Seite 169 ff.

97 (H/J); 98 (J)
Trotz relativ geringer Helligkeitsunterschiede der ausgewählten Farbtöne sind die Fassaden gut „lesbar". (Die sogenannten Blindfenster in Abb. 97 waren bereits zur Entstehungszeit als Gliederungselement der Fassade angelegt. Sie sollten nie wandbündig zugemauert werden.)

99 (J)
Fassaden, deren dekorative Wirkung ursprünglich durch die Kombination unterschiedlicher Putzstrukturen erreicht werden sollte, wirken auch, wenn sie in nur einem einzigen Farbton gefaßt werden.

Es ist keineswegs immer einfach, die Dekorationssysteme von Historismus- und Jugendstilgebäuden entsprechend ihrem Aufbau zu interpretieren.
100 (H) *Fehlinterpretation.*

101 (H) *Architekturgerechte Farbgestaltung.*

– **„Normale"** Gebäudefassungen, gemeint sind häufig vorkommende Gestaltungen, die sich in den letzten beiden Jahrzehnten stark durchgesetzt haben, weisen Hellbezugswertdifferenzen von 20 bis 25 auf.

102 (H)
Detail aus einem Dekorationssystem.

103 (H)
Die drei gelblichen Grautöne harmonieren mit der gelben Wandfläche.

104 (J)
Ein Gebäude des geometrischen Jugendstils in drei Helligkeiten eines Brauntones. Die Geschäftsreklame konnte der Wandfarbigkeit angepaßt werden.

Weitere Verweise auf Abbildungen zu diesem Thema finden Sie auf Seite 169 ff.

105 (J)
Unterschiedliche Gliederungen von Putzstrukturen sind mit der Kombination von nur drei Helligkeiten eines vergrauten Grüntones erreicht worden.

106 (E)
Das Siedlungsgebäude der 30er Jahre erhielt das ursprünglich angelegte Erscheinungsbild der typischen grafischen Gliederung durch zwei unterschiedlich helle Farbtöne zurück.

107 (H)
Klar gegliedertes Historismusgebäude in drei verschiedenen Grautönen.

– **Markante** Fassadengestaltungen werden durch die Kombination größerer Helligkeitsunterschiede erreicht. Bei plastischen Dekorationssystemen besteht leicht die Gefahr der Zergliederung; glatte Fassaden können dagegen in ihrer grafisch angelegten Konzeption noch architekturdienend gestaltet werden.

108 (H)
Durch den dunklen Anstrich eines sehr plastischen Stuckdetails wird die Licht- und Schattenwirkung zerstört. Übrig bleiben undefinierbare dunkle Formen am historischen Gebäude.

109 (H/J)
Durch helle Fassungen wird Plastizität erlebbar. Die Zusammenstellung von drei monochromen Farbnuancen prägt dieses markante Gebäude. Der sehr zurückhaltende Rotakzent belebt.

110

111

110 (J)
Sehr markante, fast etwas zu harte, gelegentlich jedoch mögliche Interpretation.

111 (J)
Die grafische, klare Gesamtwirkung des schlichten Putzgebäudes wird durch Kombination von drei Helligkeiten eines grünen Farbtones erreicht.

112 (J)
Vom Prinzip her die gleiche Gestaltung wie Abbildung 109. Stilistisch richtiger wäre es gewesen, das Ziegelband in seiner Materialfarbigkeit zu belassen.

Weitere Verweise auf Abbildungen zu diesem Thema finden Sie auf Seite 169 ff.

113 (E)
Architekturklärend eingesetzte sehr helle und dunkle Farbnuancen.

Gold

. . . als optische Wertsteigerung und ästhetische „Höhung" kann – sparsam verwandt – einer Fassade das „Tüpfelchen auf dem i" geben. Nach Auswertung von Befundermittlungen und Literaturberichten wurden seit den 50er Jahren des 19. Jahrhunderts echtes Gold sowie alle möglichen Ersatzstoffe im Inneren und Äußeren von Gebäuden eingesetzt.

Da durch Goldakzente die besondere Aufmerksamkeit auf das jeweilige Detail gelenkt wird, eignen sich nur selten vorkommende Schmuckelemente wie Wappen, Handwerkszeichen, Jahreszahlen, kurze Inschriften oder vereinzelte

114 (H)
Vergoldete Akzente an einem Abschlußgesims.

115, 116
Das Landeswappen Westfalens über einem Hauseingang wird durch das schmale Goldband zurückhaltend betont.

115 (vorher)

116 (nachher)

Kapitelle für diese Gestaltung. Großflächigere Vergoldungen wirken leicht aufdringlich und protzig, sie schmälern die Aufmerksamkeit für das Gesamtgebäude.

Weitere Verweise auf Abbildungen zu diesem Thema finden Sie auf Seite 169 ff.

Von kompetenten Fachleuten können Vergoldungen auch heute an der Außenseite von Gebäuden ausgeführt werden, wobei die Kosten dafür weitaus niedriger liegen, als von Laien meist vermutet wird.

117 (H/J)
Zurückhaltende Vergoldung an einem Stuckdetail.

118 (H/J)
Ein kleines Stadtwappen inmitten eines plastischen Dekorationssystems bedarf etwas mehr Gold, um sichtbar zu werden.

Aufwertung von 50er-Jahre-Gebäuden

... sollte trotz der gegenwärtigen Ablehnung dieser Bauten differenziert angegangen werden. Denn auch sie sind zeittypische Baudokumente. Bis auf einige recht charakteristische Gebäude, die inzwischen Denkmalschutz genießen, fehlt dem weitaus größten Teil dieser Bausubstanz jegliche Individualität. Ein bedeutender amerikanischer Gegenwartsarchitekt, Robert Venturi, wandelte 1966 den Grundsatz der Funktionalisten „Less is more“ („Weniger ist mehr“) ab in „Less is a bore“[1] („Weniger ist etwas Langweiliges“) und plädierte für eine vielgestaltige Architektur, die bei etlichen Bauten der letzten Jahre zu recht interessanten, komplexen Lösungen führte. Nun wird Vielfältigkeit auch an Rasterbauten der jüngeren Vergangenheit gewünscht, die so manche Stadt- und Straßenzeile durch ihre Monotonie belasten.

Trotz der geringen Wertschätzung dieser Gebäude sollten sie jedoch nicht mit fragwürdigen historisierenden Versatzstücken „aufgemotzt“ werden. Historische Gestaltung und Stuck sind zwar „in“, doch diese „Fassadenreparaturen“ wirken eher peinlich.

[1] Rykwert, Joseph: „Ornament ist kein Verbrechen: Architektur als Kunst.“ Köln: Du Mont, 1983, Seite 172.

119
Das Bedürfnis, die strenge, schmucklose Rasterarchitektur aufzuwerten, ist groß. Fragwürdig sind allerdings solche Lösungsversuche.

120 (F)
Frühes 50er-Jahre-Gebäude in seiner ursprünglichen Farbigkeit und Wandgliederung.

121 (F)
Geschickt und mit gestalterischer Sicherheit sind geometrische Grundformen an dieser Fassade zu einem eigenständigen Konzept zusammengefügt worden. Das einzelne kippende Rechteck ist ein gestalterischer Witz; das in den Kreis integrierte Tanzpaar bringt sogar „Schwung" in die Rasterfassade.

Die Aufwertung der Schlichtbauten sollte nur mit solchen architekturdienenden Elementen erfolgen, die bereits zur Entstehungszeit typische Gestaltungsmittel waren: Linie, Kreis, Quadrat, Rechteck, Ellipse oder Dreieck. Dies ist heute durchaus gerechtfertigt, denn schon Walter Gropius, der wegbereitende Architekt des Funktionalismus, äußerte sich 1955 „unzufrieden über seine selbst auferlegte Sachlichkeit", indem er zugab: „Die ästhetische Befriedigung der menschlichen Seele ist ebenso wichtig wie die materielle."[2] Mit den in der Frühzeit des Funktionalismus eingesetzten geometrischen Grundformen lassen sich – gekonnt in die Architektur integriert – auch heute Rastergebäude aufwerten. Beziehungslos appliziert, könnten sie durch sinnlose Vereinzelung oder Überfrachtung die architektonischen Zusammenhänge dieser Schlichtbauten allerdings auch beeinträchtigen oder ganz zerstören.

[2] Rykwert, a.a.O., Seite 79.

122 (F)
Die wenigen Farbakzente ordnen sich der unbunten Gebäudefarbigkeit unter und verleihen eine ansprechende Individualität.

Weitere Verweise auf Abbildungen zu diesem Thema finden Sie auf Seite 169 ff.

123 (F)
Aufwertende Gliederung entsprechend der angelegten Rasterung.

124 (F)
Ein intensiver, dennoch sympathisch wirkender Farbton am Wandabschluß und an den Balkonfronten wurde kombiniert mit zwei, in ihrer Helligkeit unterschiedlichen, rötlichen Grautönen.

125 (F)
Zurückhaltend eingesetzte historische Zitate – hier die grafisch aufgemalte Eckquaderung – beleben den massigen Treppenhausvorbau.

126 (F)
Instand gesetztes Funktionalismusgebäude mit zeittypischen Sgraffitodetails am Treppenhaus.

127

127 (F)
Auch an 50er-Jahre-Gebäuden läßt sich mit den genannten Prinzipien eine aufwertende Gestaltung erreichen.

128 (F)
Putzbau innerhalb eines Ensembles mit Ziegelgebäuden. Das aufgehellte Ziegelrot der Wandflächen erhielt durch illusionistisch aufgemalte Fensterrahmungen eine klare und freundliche Wirkung.

128

129 (F)
Detail aus Abbildung 128.

129

130 (F)
Solche gut gemeinten „Farbläppchen" führen nicht unbedingt zur Aufwertung einer Rasterfassade. Die ohnehin kleinen Fensteröffnungen wurden dadurch zusätzlich optisch verkleinert.

132 (F)
Grafische Fensteraufweitung.

131 (F)
In die vertieft eingeputzten Faschen wurde der Sockelfarbton aufgenommen. Durch die hellen Begrenzungen und die „Gehrungen" erhält ein schlichtes Gebäude einen – wenn auch bescheidenen – eigenen Charakter.

133 (F)
Illusionistische Fenstereinfassung in drei gelblichen Grautönen.

135

136

134 (F)
Akzentuierung der Fensterfaschen im Sockelfarbton.

135
Glatte, in den 50er Jahren aufgeputzte Fensterfaschen erhielten durch die unterschiedlich breiten – bunten/unbunten – Linien eine Betonung.

136 (F)
Faschengestaltung mit dem Zacken- oder Fingerpinsel im Sockelfarbton.

Architekturmalerei

..., auch als Illusionsmalerei bezeichnet, hat nördlich des Mains kaum Tradition. Lediglich im späten Historismus und ganz vereinzelt im Jugendstil sind aufgemalte Scheinarchitekturen anstelle von angetragenem Stuck bekannt.

Obwohl diese Gestaltungsart heute weitgehend untergegangen ist, ließe sich so mancher Betonklotz oder manche freistehende Brandmauer durch eine Gliederung mit aufgemalten Architekturteilen oder sonstigen Illusionsmalereien in vorhandene Ensembles optisch integrieren. Wie positiv Illusionsmalereien Stadtbilder bereichern können, belegen Beispiele aus dem süddeutschen Raum und insbesondere aus einigen Städten an der Westküste Nordamerikas.

137
Auffällige, architekturvernichtende „Wandmalereien".

138 (vorher), 139 (nachher)
An dem schmucklosen Brandgiebel wurde der linke Rundbogen des Gebäudeeingangs in der Erdgeschoßzone übernommen. Er kehrt in einem vergrößerten Maßstab auf der Wandfläche gliedernd wieder.

140
Illusionsmalerei an einem technischen Umschaltwerk inmitten eines Jahrhundertwendeensembles.
(Entwurf: Dipl.-Ing. Architektin Barbara Jäkisch, Bochum)

141, 142 (F)
Durch aufgemalte Scheinarchitektur, die im Inneren ablaufende Arbeitsvorgänge (Fotolabor) veranschaulicht, erhielt diese geschlossene, schon von weitem sichtbare Giebelwand ein individuelles und stadtgestalterisch belebendes Aussehen.
(Konzeptionelle Idee: Verfasserin; Malerei: S. M. Keith, Los Angeles, USA)

141 (vorher)

142 (nachher)

143
Illusionistisch angedeutete Fenster an einer vor ca. 30 Jahren zugemauerten Giebelwand.

144 (H)
Aufgemalte Fenster in den Blindfenstern am Risalit zur Einfahrt. (Wie gut hätten hier die alten gegliederten Fenster gewirkt!)

Baudetails

Dächer

... bilden als obere Gebäudeabschlüsse Schutz vor Witterungseinflüssen. Sie stellen als „fünfte Wand" eine formale Einheit mit dem Baukörper dar. Ihre gestalterische Bedeutung hat stets zu verschiedenen Formen geführt. Bis auf wenige Ausnahmen sind Dachformen im Historismus entweder sehr schlicht gehalten oder befinden sich kaum sichtbar hinter massiven Abschlußgesimsen oder sogar Balustraden. Gleichzeitig gab es Steildächer mit sehr polychromen Dachziegeln, die in vielfältigen Mustern verlegt waren. In der Zeit des Jugendstils – frühe Ansätze gab es bereits um 1880 – bildeten die Dächer oft zusammen mit den Baukörpern eine vollplastische Einheit. Die Dachformen erhalten eine bis dahin kaum gekannte Gestaltungsvielfalt.

Als Dacheindeckungsmaterialien waren und sind in vielen Regionen Deutschlands sogenannte Hartdächer (im Gegensatz zu „Weicheindeckungen" aus Gras, Stroh usw.) üblich und aus feuerpolizeilichen Gründen teilweise sogar vorgeschrieben. Seit der Mitte des vergangenen Jahrhunderts sind Natursteinplatten, Ton- und Zementpfannen, Schiefer, Kupfer, Zinkblech, Blei sowie farbig glasierte Pfannen bekannt. Bis um 1900 wurden die in der jeweiligen Region vorkommenden oder leicht herstellbaren Materialien verwendet, nicht zuletzt aus Kostengründen. Erst die verbesserten Transportmöglichkeiten führten zur Durchmischung der regional typischen Eindeckungen. Historische Ziegeleindeckungen weisen eine lebendige Farbigkeit auf, die auf die regional unterschiedlichen Tonerden zurückzuführen sind.

Bauforschungen haben belegt, daß Hartdächer eine Lebensdauer bis zu 300 Jahren haben können. Dennoch sind historische Dacheindeckungen in Ballungsräumen selten, weil sie durch Kriegseinwirkungen stark reduziert wurden.

Heute wird zwar häufig von Dachsanierung (= Heilung) gesprochen, in der Praxis erfolgt leider meist eine Totalerneuerung. Materialbedingt weisen Pfannen, Schieferplatten usw. manchmal kleine Haarrisse auf, die durch Witterungseinflüsse zu vorzeitigem Bruch führen. Vielfach reicht es, diese schadhaften Teile auszuwechseln. Für alle historischen Dacheindeckungen der letzten 150 Jahre gibt es heute serienmäßig Reparaturpfannen oder -platten. Bisweilen bedarf es allerdings langwieriger Recherchen, das genau passende Material – möglicherweise bei einer kleineren Firma – zu finden. Die Mühe des Suchens wird mit einer Kosteneinsparung und gleichzeitig dem Erhalt des ursprünglichen Daches belohnt.

Bei denkmalgeschützten Gebäuden erfolgt heute meist eine schattierungsfrei rote Ziegeleindeckung mit der Begründung, dies sei „das" historische Material. Rote Dachziegel kamen zwar früher häufig vor, oft sogar auf demselben Gebäude materialbedingt in verschiedenen Farbnuancen. Außerdem haben Bauforschungen gerade in letzter Zeit die oben genannte Vielfalt der Eindeckungen belegt. Leider wirken die viel zu intensiv rot durchgefärbten Ziegelmaterialien auf alten Gebäuden recht fremd und steril.

145 (J)
Ein mit Zink rekonstruierter Erkerhelm vor einer historischen Dacheindeckung. Das flexibel zu verarbeitende Metallmaterial eignet sich besonders gut für formenreiche, kleinteilige Sanierungen.

146
Bei zwischenzeitlich provisorisch reparierten Dächern sollte heute die Entscheidung für ein einheitliches Material gewählt werden. Hier bietet sich die dominierende Dachpfanne statt der glatten Kunststoffmaterialien an.

147 (J)
Die Biberschwanzziegel lassen sich gut über der geschwungenen Fischmaulgaube verarbeiten, da sie relativ klein sind. Über dem polygonalen Erker befindet sich eine instand gesetzte Zinkhaube.

148 (J)
Ein formenreiches plastisches Dach, an dem eine Turmabdeckung vorübergehend mit einer farbig passenden Dachpappe gesichert wurde. Solche relativ kurzlebigen Provisorien sind als kostengünstige Übergangslösung durchaus gerechtfertigt.

149 (H)
Behutsam instand gesetztes Schieferdach. Noch heben sich die unverwitterten neuen Schieferplatten gegenüber den alten ab. Dadurch erhält die große Dachfläche eine lebendige Textur.

150
Die auf dem rückwärtigen Dach gefundenen Restpfannen belegten die ursprüngliche farbige Eindeckung, sie wurde rekonstruiert.

Dachgauben

. . . waren ursprünglich zur Belüftung des Dachraumes notwendig. Stilistisch bezog sich die formale Gestaltung auf die architektonische Konzeption des Gesamtgebäudes. Sie waren als Baudetail in das Dach integriert.

Historische Dachformen sind derzeit stark in Gefahr, weil aufgrund der Wohnungsknappheit gegenwärtig Dachausbauten propagiert und mit staatlichen Zuschüssen gefördert werden. Diese an sich sehr sinnvolle Maßnahme führt in der Praxis leider oft zu regelrechten „Aufrissen" oder Karikierungen von Dächern. Dabei könnten Fenstereinbauten in den Giebeln oder in die Dächer integrierte Gauben, die mit der Architekturkonzeption insgesamt korrespondieren, auch für die neuen Wohnungsausbauten zu interessanten Innenraumlösungen führen.

151
Vielleicht praktische, dennoch entstellende und unproportional große neue Dachgaube.

152 (H)
Erhaltene Dachhäuschen mit Ziegeleinfassung, die auch die Fassade prägt.

153
Schleppgauben, die viel Raum und Licht im Inneren bieten und sich gut in die vorhandene Dachgestaltung integrieren.

Weitere Verweise auf Abbildungen zu diesem Thema finden Sie auf Seite 169 ff.

154
Die graue Zinkverkleidung am neu eingesetzten Dachfenster paßt sich formal und farbig gut der alten Eindeckung an.

155 (J)
Eigenwillige Dachöffnung an einem späten Jugendstilgebäude in einer um 1912 angelegten Künstlersiedlung des Ruhrgebietes.

156 (J)
Mansarddächer eignen sich besonders für nachträgliche Fenstereinbauten. Bei der sensiblen Aufweitung des Daches wurde der Fensterrhythmus der 1. Etage übernommen.

157 (E)
Expressionistischer Dachaufbau. Durch die Schieferverkleidung wird die große Aufweitung gut in das Dach integriert.

Giebel und Ortgänge

... sind Abschlußformen von Satteldächern. Giebel ist die umfassende Bezeichnung; Ortgang ist das vorgesetzte Holzbrett, auch Windbrett genannt.

Die Fülle unterschiedlicher Giebelgestaltungen im Laufe der letzten 200 Jahre ist groß. Reich gegliederte Stein- und Stuckabschlüsse, verschieferte oder mit Kupferblechen verkleidete Giebel gab es in großer Zahl, schmuckvolle oder einfache glatte Bretter kamen in vielen Ausführungen vor.

Als die Stuckanwendung im ersten Jahrzehnt unseres Jahrhunderts stark zurückging und nach dem 1. Weltkrieg ganz verschwand, beschränkte man sich an Giebeln und Ortgängen häufig auf die grafische Gestaltung mit Relief oder Schablonenmalerei. Sowohl Villen als auch Schlichtbauten wurden auf diese Weise geschmückt und aufgewertet.

158
Historischer Giebel, nun glatt und nie mehr pflegebedürftig.

159
Durch eine nur knapp über das Windbrett gelegte Ziegelabdeckung erfolgte der Substanzschutz. Mit grafischen Motiven erhielt das schmale Ortgangbrett eine Aufwertung.

160 (J)
Originalgetreue Rekonstruktion mit Schmuckziegeln.

Weitere Verweise auf Abbildungen zu diesem Thema finden Sie auf Seite 169 ff.

161 (J)
Sanierter Treppengiebel an einem ehemaligen Zechengebäude.

163 (J)
Original erhaltene Stuck- und Metalljugendstildetails an einem mit einer Zinkabdeckung sanierten Giebel.

163 (J)

162 (H)
Sanierter Putzgiebel mit einer neuen Kupferblechabdeckung.

164 (H)
Historische Kupferabdeckung an einem Doppelgiebel.

Dach- und Giebeluntersichten

... wurden in früheren Epochen in ihrer Gestaltung keineswegs so stiefmütterlich behandelt wie heute. Dachüberstände und Giebeluntersichten waren zur Zeit des Historismus häufig plastisch geschmückt, zur Zeit des Jugendstils und in den 20er Jahren dagegen mit grafischen Motiven bemalt. Viele historische Untersichten sind inzwischen durch notwendige Sanierungen oder „fortschrittliche Modernisierungen" beseitigt worden. Es lohnt, auch in diesen Bereichen nach Farbspuren zu suchen.

Plastische oder farbig gefaßte Dachuntersichten springen zwar meist nicht ins Auge, dennoch stellen sie eine reizvolle Überraschung für den Betrachter eines Gebäudes dar.

Sind Ortgang und Giebel am Dachabschluß bereits farbig oder ornamental gestaltet, sollte eine zusätzliche Gestaltung der Dachuntersichten unterbleiben, da nur zu leicht die Gefahr der Überdekoration besteht.

165, 166 (J)
Bei der Instandsetzung des Hauses von Abb. 165 in den 80er Jahren wurden die Bretter der Giebeluntersicht in wechselndem Rhythmus in hellen und dunkleren Grautönen gefaßt. (Nach der Reinigung blieben auch die farbigen Materialien – Ziegelmauerwerk am Sockel und Biberschwänze an den Fensterbänken – in ihrer Naturfarbigkeit erhalten. Die vorhandenen Fachwerkkonstruktionen an der Hausecke erhielten einen grau-schwarzen Anstrich.)

165 (vorher)

166 (nachher)

167 (20er Jahre)
Mit einem aufschablonierten, geometrischen Ornament – positiv und negativ – erhielt der Giebel dieses Gebäudes einen bescheidenen, eigenen Charakter.

169 (20er Jahre)
An dem schmucklosen Siedlungshaus der 20er Jahre erhielt die Dachuntersicht eine aufgemalte Kassetteneinteilung in den Fassadenfarbtönen.

168
Farbige grafische Gestaltung an einer Eingangsloggia. Das äußere Band zieht sich um das gesamte Gebäude.

170 (J)
Plastische Kassetteneinteilung, die farbig abgesetzt wurde.

Haustüren

... sind erst in den letzten 40 Jahren zu meist informationslosen Brettern verkümmert, die nur noch die Aufgabe haben, ein Gebäude vor Wärmeverlust und vor Eindringlingen zu schützen.

Bis zum Funktionalismus galt die Eingangstür als Visitenkarte des Hauses. Stilistische Unterschiede ergaben sich aus der jeweiligen Stilrichtung, die das Gebäude in seiner Gesamtheit prägte.

Die schmerzlichen Verluste in der jüngeren Vergangenheit werden heute oft mit pseudo-historischen Türanlagen kompensiert, wobei weder Mühe, Zeit noch Kosten gescheut werden, die Fertigprodukte in eine vorhandene Wandöffnung einzupassen.

Für die Haustürsanierung gilt grundsätzlich folgende Vorgehensweise:

- Ist die ursprünglich eingebaute Haustür noch vorhanden, so sollte sie sorgfältig wieder instand gesetzt werden. Die Kosten dafür können genauso hoch sein wie für fabrikneue „historische" Haustüren. Diese werden heute in gräßlichen Ausführungen von Holz, Kunststoff, Metallguß oder Glas angeboten – und leider auch eingesetzt.

- Manchmal befinden sich in Kellern, Schuppen oder auf Speichern alte Türen, die im Modernisierungseifer ausgebaut, aber nicht gleich dem Sperrmüll anvertraut wurden. Oft sind sie durchaus reparabel und als Haustüren wieder einbaubar.

- Wenn die alte Haustür nicht mehr zu retten ist, sollte eine Rekonstruktion davon angefertigt werden. Existieren noch Fotos von der ursprünglichen Haustür, können gute Handwerker mit Hilfe von Spezialvergrößerungsgeräten maßstabgerechte Nachbildungen anfertigen.

- Fehlen Befunde oder sonstige Hinweise, dann ist eine gut gegliederte, moderne Haustür für den Neueinbau angemessen.

Der Substanzschutz der Haustüren durch Anstriche war höchst unterschiedlich. Zur Zeit des Historismus erhielten Türen starkfarbige – dekkende oder gelegentlich lasierende – Anstriche, oder es wurden Holzimitationen aufgemalt. Naturbelassen waren sie selten, was uns heute sehr fremd anmutet. Diese Art der Türbehandlung wurde erst zur Zeit des Jugendstils in größerem Umfang aufgenommen; es kamen allerdings auch helle und weiße Anstriche vor. Farbige Lasuren waren ebenfalls sehr beliebt; vereinzelt sind auch bereits nach 1900 Klarlacke verwendet worden. Erst als die Dekorformen verlorengingen, maß man der Holzmaserung großen ästhetischen Wert bei, ja, die Maserung wurde zum „Ersatzornament".

Da heute nur in seltenen Fällen noch Originalfarbbefunde an Haustüren zu ermitteln sind, sollte die Farbfassung an der Tür in das Gesamtkonzept der Fassade einbezogen werden. Dabei können die persönlichen Farbvorlieben der Hauseigentümer angemessen berücksichtigt werden.

171 (H)
Naturbelassene doppelflügelige Haustüre mit den Originalgittern an den Türfüllungen und dem Oberlicht.

172 (J)
Eine mit einem rot-braunen Lasuranstrich renovierte Türe.

173 (H)
Doppelflügelige Türe mit bleiverglastem Oberlicht. Die Gebrauchsspuren mindern nicht den Charme dieser alten Türe.

174 (H)
Schlichte Eichentüre mit ausgeprägten Beschlägen. Am Türfensterchen kehren die neoromanischen Schmuckformen wieder, die das Gebäude prägen. (Das Oberlicht wurde in den 50er Jahren unpassend zum Gesamtgebäude eingesetzt.)

175 (J/E)
In der Spätzeit des Jugendstils und im Expressionismus setzten sich neue Türaufteilungen durch.

176 (J)
Jugendstiltüre mit reichem, interessantem Beschlagwerk.

177 (J)
Eine sehr seltene, mit Kupferblech verkleidete Jugendstiltüre.

178 (30er Jahre)
Mit der ausgeprägten Maserung wurde eine grafische Türgestaltung erreicht.

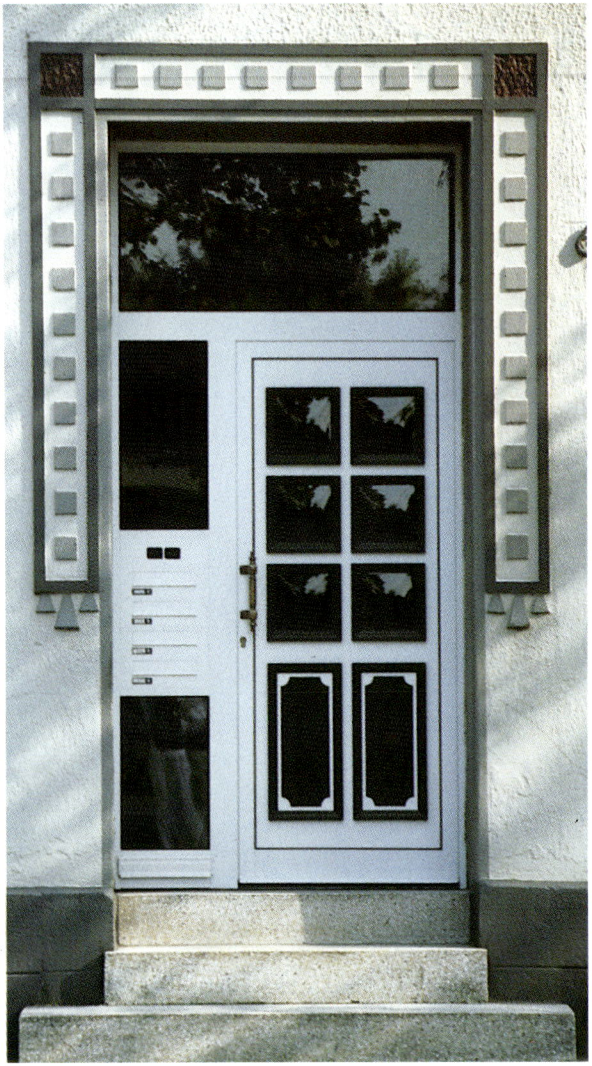

179
Mit viel Engagement ist eine „stilvolle" Haustüre in eine nicht der heutigen Norm entsprechenden Öffnung eingepaßt worden, die Wirkung ist eher negativ.

180 (J)
Gut instand gesetzte, schlichte Jugendstiltüre.

181
Noch vor 20 Jahren wurden alte gegliederte Türen einfarbig „weggestrichen", weil sie als unmodern galten.

182
Farbig neu gefaßte alte Haustür in ehemaliger Arbeitersiedlung.

183 (J)
Der gleiche Haustürtyp wie Abb. 181 in Dunkelgrün, in zwei grünlichen Grautönen abgesetzt.

181

182

183

Weitere Verweise auf Abbildungen zu diesem Thema finden Sie auf Seite 169 ff.

184 (J)
Gelungene Instandsetzung einer Türanlage in einer Siedlung.

185 (vorher)

186 (nachher)

185, 186 (J)
Das teilmodernisierte Türblatt konnte nicht rekonstruiert werden. Durch die farbig aufgemalte Kassetteneinteilung und die Steinimitation auf der reizvoll gestalteten, glatten Türfasche wurde diese Türanlage wieder in das Gesamtgebäude integriert.

187 (30er Jahre)
Messingbeschläge und -ziernägel verleihen dieser Haustüre einen besonderen Charme.

188 (J)
Jugendstiltürfassung entsprechend der derzeitigen Hausfarbigkeit.

189
Auch eine rote Haustür ist in einem grauen Gebäude möglich.

187

188

189

190
Farbig sanierte, schlichte Haustüre.

191 (30er Jahre)
Weiß gefaßte Haustüre an einem Klinkergebäude.

192, 193, 194
Einfühlsam gestaltete neue Haustüren in älteren Gebäuden.

192

193

194

Türen in Doppelhäusern

... waren meist gleichartig gestaltet. Bis in die 20er Jahre sind Doppelhäuser besonders häufig in Arbeiter- und Gartenstadtsiedlungen anzutreffen. Da diese meist einer großen Firma oder einer Baugenossenschaft gehörten, waren individuelle Gestaltungen ausgeschlossen.

Im Rahmen der Privatisierung dieser Siedlungshäuser wird die Tradition der Gleichbehandlung von Haustüren durch den endlich möglichen Neueinbau einer modernen, nach dem persönlichen Geschmack ausgewählten Tür oft durchbrochen. Wie positiv dagegen die reparierten und gleichartig neu gefaßten Doppeltüren wirken, belegen die nachfolgenden Beispiele.

195
Zerstörung der geschlossenen Hauseinheit durch das Bekunden des eigenen, „modernen" Geschmacks.

196
Instand gesetzte Originalhaustüren in einer Industriesiedlung.

197

197, 198
Farbig neu gestrichene Doppelhaustüren.

199
Die rechte, 1993 neu eingebaute Türanlage ist gleichartig mit der ursprünglichen. Die gestalterische Geschlossenheit des Gebäudes wird auf diese Weise unterstrichen.

Weitere Verweise auf Abbildungen zu diesem Thema finden Sie auf Seite 169 ff.

198

199

Vordächer an Haustüren

... als Regenschutz waren bei historischen Gebäuden oft nicht erforderlich, weil die Eingänge meist etwas tiefer in die Fassade eingebaut wurden. Bei gut geplanten Neubauten erfolgt dies auch heute wieder.

Das Bedürfnis nach Hausvordächern ist sehr groß. Leider sind sie nicht immer eine gestalterische Bereicherung für das Gebäude. Läßt sich ein Vordach nicht vermeiden, sollte es gestalterisch so wenig wie möglich auffallen und formal sowie farbig in die Türgestaltung einbezogen werden. Dank unserer heutigen Baumaterialien läßt sich diese Forderung recht gut umsetzen.

200
„Stilvolle" Überdekoration an einem ursprünglich gut gegliederten Ziegelgebäude.

201 (J)
Die Form des Vordaches ist formal auf das markante Hauptdach bezogen worden.

202 (J)
Sorgfältig instand gesetzte Tür-, Vorbau- und Treppenanlage an einem Jugendstilhaus.

203

203
Ein gegenüber der vorhandenen Architektur vom Material und der Gestaltung her zurücktretendes Vordach.

204 (F)
An einem schmucklosen Gebäude kann eine Vordachgestaltung gelegentlich sogar bereichernd wirken.

205 (H)
Zweckdienliches, gestalterisch anspruchsloses Vordach an einem Historismusgebäude.

204

205

206 (30er Jahre)
Formal und materialmäßig dem vorhandenen Türbogen gut angepaßtes Vordach.

207
Vor dem kleinen markanten Fachwerkhaus ist der Glaswindfang kaum wahrnehmbar.

Weitere Verweise auf Abbildungen zu diesem Thema finden Sie auf Seite 169 ff.

Fenster

... waren und sind immer auf den jeweiligen Baustil bezogen und bilden eine unlösbare Einheit mit der Fassade.

Vom Klassizismus bis hin zum Historismus dominiert das hochstehende Fenster mit zwei oder vier Flügeln, die von einem Kämpfer geteilt werden. Die künstlerische und gestalterische Vielfalt nimmt in der Spätzeit des Historismus zu und erfährt im Jugendstil eine bis dahin kaum bekannte Fülle von Fensterformen und -aufteilungen. Im späten Jugendstil und in den 20er Jahren geht diese Vielfalt zurück; vereinzelt baute man bereits Fenster ein, die kaum unterteilt waren.

In den frühen 50er Jahren sind sehr eigenwillige Fensteraufteilungen entwickelt worden. Danach setzte sich das Einscheibenfenster verstärkt für Neu- und Altbauten durch.

Nach einer jüngst abgeschlossenen Untersuchung haben sich „Fenstermoden" in Abständen von 30 bis 35 Jahren gewandelt. Sie decken sich in etwa mit den Stilumbrüchen in der Architektur.

Holz ist am häufigsten als Material für Fenster verwendet worden, allerdings kam auch Eisen, vorwiegend bei der Sprosseneinteilung, im ausgehenden 19. Jahrhundert vor. Die in den letzten drei Jahrzehnten zu beklagenden Verluste an Originalfenstern sind immens. Die meist als

208
Durch die neuen, nur durch einen Kämpfer geteilten Fenster rechts hat die schlichte Ziegelfassade viel von ihrem einstigen Charme verloren.

Ersatz eingebauten modernen Einscheibenfenster sind allerdings inzwischen in die Jahre gekommen und müssen nun gepflegt werden.

Seit Mitte der 80er Jahre hat die positive Einstellung zum Sprossenfenster ständig zugenommen. Jetzt besteht insbesondere bei älteren Gebäuden die Chance, daß die noch vorhandenen Originalfenster saniert oder die historischen Fenster rekonstruiert werden. Die neue Wertschätzung für Sprossenfenster führt manchmal leider zu bedenklichen Auswüchsen – hier seien nur die „Sprossen in Aspik" oder die „Sprosseritis" mit breiten, plumpen Unterteilungen nach angeblich „historischem Konzept" erwähnt. Man scheint die Ansicht zu vertreten, Hauptsache sei, daß die Anzahl der Sprossen stimmt.

Alte Fenster sind in ihrer Substanz meist viel besser als vermutet. Gute Handwerker sind durchaus in der Lage und auch gewillt, schadhafte Fensterteile zu ersetzen. Außerdem fertigen Spezialfirmen originalgetreue Rekonstruktionen an. Die Suche nach diesen Handwerkern und Herstellern lohnt sich.

Undichte Fugen an den Maueranschlüssen lassen sich heute mit leicht zu verarbeitenden Spezialmaterialien verschließen. Und die erforderlichen Energiesparmaßnahmen sind auf verhältnismäßig einfache Weise mit innenliegenden Kastenfenstern oder mit von innen auf die Rahmen der alten Fenster aufgesetzten Einscheibenfenstern zu erreichen. Früher wurde dies auch als „Winterverglasung" bezeichnet, da man diese Scheiben im Sommer abnahm. Mit diesen Maßnahmen ist neben der Energieeinsparung meist auch eine erhebliche Schalldämmung verbunden.

Bei der Rekonstruktion von Fenstern ist besonders beim Einbau von Isolierverglasung darauf zu achten, daß die für die historischen Fenster eigens entwickelten feingliedrigen technischen Beschläge verwendet und die leider häufig zu beobachtenden klobigen Ausführungen vermieden werden.

Weitere Verweise auf Abbildungen zu diesem Thema finden Sie auf Seite 169 ff.

209 (J)
Plump und störend wirken die breiten Unterteilungen in diesem halbkreisförmigen Jugendstilfenster.

210 (J)
Das Originalfenster in einer sehr ähnlichen Wandöffnung.

211 (H)
Seit fast 100 Jahren regelmäßig gepflegte Kreuzstockfenster. Der weiße Anstrich wirkt belebend an der Ziegelfassade.

212 (H)
Nach Ausbau der 50er-Jahre-Fenster wurden die ursprünglichen Fenster rekonstruiert.

213 (H)
Korrespondierend zur Fassadenfarbe dunkelgrün gestrichene Fenster mit weiß gefaßten Kittfalzen. Diese Art der Gestaltung ist bis in die 20er Jahre häufig vorgekommen.

212

211

213

214

214
Instand gesetztes Fenster mit der um die Jahrhundertwende häufig vorkommenden grünen Oberlichtverglasung.

215, 216 (H)
Rekonstruierte Fenster.

215

216

217

217 (H), 218 (R)
Die sanierten, weiß gefaßten Eisenfenster stellen nach der Umnutzung des Stalles zu Wohnzwecken einen markanten Akzent dar.

219 (H)
Erkerfenster, die auch um 1900 oft ohne Sprosseneinteilung verglast wurden.

218

219

220

222

221

223

220, 221, 222 (J)
Über viele Jahre regelmäßig gepflegte Jugendstilfenster.

223 (J)
Rekonstruiertes Fenster.

224 (J)
Jugendstilfensteranlagen mit Eisensprossen.

225 (J)
Eigenwillige Jugendstilfenster an einem Erker.

226 (J)
Ornamentbilder in einem Treppenhausfenster.

224

225

226

227

229

228

230

227 (E)
Sehr stark unterteilte Fenster aus den 20er Jahren.

228 (J)
Dunkel gefaßtes Originalfenster mit hellen Kittfalzen und grüner Oberlichtverglasung.

229 (E)
Erkerfenster an einem expressionistischen Ziegelgebäude.

230, 231, 232, 233
Eigenwillige Fenstergestaltungen in der Spätzeit des Jugendstils.

231

232

233

Fensterläden

... bilden neben dem Schutz vor Licht, Auskühlung und Einbrechern oft wichtige Gestaltungs- und Gliederungselemente einer Fassade. Heute erhalten sie auch aus Energiespargesichtspunkten erhöhte Aufmerksamkeit, zumal sie leicht von innen geöffnet und geschlossen werden können.

Bei stuckreichen Historismus- und Jugendstilfassaden waren Fensterläden auf der Fassade meist unerwünscht, da sie das Dekorationssystem gestört hätten. Sie waren deshalb innen als Glatt- oder Faltläden angebracht und verschwanden im zusammengeklappten Zustand in vertieften Fensterlaibungen.

Fensterläden waren meist aus Holz gefertigt, gelegentlich gab es auch Metallfaltläden.

Metallrolläden wurden an repräsentativen Gebäuden seit Mitte des vergangenen Jahrhunderts eingebaut. Zusammengerollt befanden sie sich in den Räumen oder im oberen Teil des Außenfensters.

Nach dem verstärkten Rückgang der Ornamentgestaltung an Fassaden schenkte man Fenster- oder Blendläden auch unter gestalterischen Aspekten verstärkt Aufmerksamkeit. Schlichtbauten des Historismus, späte Jugendstilgebäude und insbesondere die Wohnhäuser der 20er und 30er Jahre sowie die frühen Funktionalismusgebäude erhielten durch die Fensterläden architektonisch reizvolle Gliederungen.

Abhängig vom Zustand der Fensterläden bietet sich eine gründliche Sanierung oder Rekonstruktion an. Auf glatte, glänzende Kunststoffmaterialien sollte verzichtet werden.

Bezüglich der Farbfassung lohnt sich wiederum der Blick in alte Vorlagenbücher. Farbig gut gestaltete, nicht überdekorierte Fensterläden könnten für so manches entkleidete Gebäude wieder Schmuckelemente werden und gleichzeitig eine Schutzfunktion erfüllen.

234
Sichtbarer Gestaltverlust.

235

236

235
Die einzigen gliedernden Elemente an der 20er-Jahre-Fassade stellen die Jalousieblendläden dar.

236
Schlichte Brettladen eigenwillig aufgewertet.

237
Torwohnhaus. Ohne die rekonstruierten Blendläden würde das Gebäude recht ausdruckslos wirken.

237

238
Das kleine Fenster erfährt durch die Blendlade eine liebevolle Aufwertung.

239
Gelegentlich sind auch starkfarbige Blenden an sonst schmucklosen Gebäuden reizvoll.

240
Am interessanten, halbrunden Anbau eines 20er-Jahre-Gebäudes wird das Ziegelmauerwerk neben den weißen Fenstern durch die ebenfalls weiß gefaßten, hohen Jalousieblendläden akzentuiert.

238

239

240

Weitere Verweise auf Abbildungen zu diesem Thema finden Sie auf Seite 169 ff.

241
Blendladenrekonstruktion an einem Gebäude in einer ehemaligen Zechensiedlung. Die rote Linie wirkt belebend und nicht aufdringlich.

242
Einfarbige Blendläden an einem älteren, schmucklosen Gebäude.

241

242

Fenstergitter

. . . dienten in erster Linie dem Schutz der Wohnungen im Souterrain und im Erdgeschoß. Sie befanden sich häufig dort, wo keine Blendläden oder sonstigen Sicherungen installiert werden konnten.

Stilistisch fügen sich diese Gitter meist harmonisch in die Gebäudekonzeption ein und stellen oft reizvolle Details an Gebäuden dar. Erstaunlicherweise sind heute noch viele Fenstergitter erhalten, vermutlich, weil man ihren Schutz nach wie vor schätzt.

243
Lieblos wurde die vom Material her unpassende Briefkastenanlage vor das Schmuckgitter gesetzt.

244 (H)
Dasselbe Historismusgitter vor seiner Beeinträchtigung.

245 (J)
Oberlichtfenster an einer Türanlage.

246 (J)
Sogar Kellerfenster erhielten reizvoll gestaltete Gitter.

247 (J)
Jugendstilgitter mit den Initialen des Bauherren.

248 (J)
Aus einem Kreis und Halbkreisen geschmiedetes Gitter an einem untergeordneten Fenster.

Weitere Verweise auf Abbildungen zu diesem Thema finden Sie auf Seite 169 ff.

249, 250, 251 (E)
Sehr interessante, expressionistische Fenstergitter.

249

250

251

Schaufenster

... wurden bereits in Historismusgebäude der Innenstädte eingebaut. In der Baugestaltung war es relativ neu, Erdgeschoßzonen und sehr bald auch die ersten Etagen aufzuweiten, um das Warenangebot in größerem Umfang zu präsentieren. Diese Fensteranlagen erhielten häufig gußeiserne Stützen und Unterteilungen. Stilistisch sind diese Stützen meist dem Dekorationssystem der Fassade angepaßt.

Im Zuge der Modernisierungswelle der 50er Jahre wurden Erdgeschosse von Stuckgebäuden sehr häufig mit Fliesen, Mosaiksteinchen oder nur einem einfachen Verputz „geglättet". Häufig war es aus statischen Gründen zu kostspielig, die „verschnörkelten" gußeisernen Stützen zu entfernen. Deshalb wurden sie glatt verkleidet und dem übrigen Erdgeschoß angepaßt.

252
„Amputiertes" Historismusgebäude, dessen Erdgeschoßzone 1992 noch mit teurem Naturstein verkleidet wurde. Zwischen den viel zu klotzigen Stützen in der Mittelachse des Gebäudes befand sich – als Mauerwerk verputzt oder zwischen gußeisernen Stützen – der Haupteingang zu den beiden Geschäften. Die jetzt bemalte Stütze könnte die mittlere Unterteilung des Schaufensters gewesen sein.

253 (H)
So oder ähnlich dürfte die Erdgeschoßzone des Gebäudes der Abbildung 252 ausgesehen haben.

252

253

Inzwischen hat auch hier ein Umdenken eingesetzt. Man muß sich der älteren Gebäude nicht mehr schämen: Stuck ist „in". Und auch die alten Stützen werden wieder freigelegt. Bei Sanierungsmaßnahmen sollte deshalb insbesondere neben den Haupteingängen danach gesucht werden.

Es ist unverständlich, daß in unseren Tagen immer noch in Städten, die weitgehend durch Altbauten der letzten 150 Jahre geprägt werden, optische „Erdgeschoß-Amputationen" zugelassen werden. Kostspielige Konstruktionen und aufwendige statische Maßnahmen führen zur Entstellung des Gesamtgebäudes für Jahrzehnte. Infolge der durchglasten Erdgeschoßzone scheinen drei- oder viergeschossige Gebäude mit schweren Dekorationssystemen optisch über dem Bürgersteig zu schweben. Erfreulicherweise gibt es auch Lösungen, bei denen die Fassade weitgehend erhalten bleibt und das Warenangebot in – tief in das Haus hineingezogenen – Eingängen präsentiert wird.

Die behutsame Freilegung und Instandsetzung von Stützen kostet nur einen Bruchteil „moderner" Maßnahmen, und das historische Gebäude bleibt in seiner architektonischen Einheit erhalten.

Markisen sollten, wenn sie als notwendig erachtet werden, passend zur Fassadenfarbe oder unbunt ausgewählt werden.

254

255

Weitere Verweise auf Abbildungen zu diesem Thema finden Sie auf Seite 169 ff.

254, 255, 256 (H)
Erhaltene und instand gesetzte Schaufensteranlagen an Historismusgebäuden.

257 (H/J)
Noch intaktes Wohn- und Geschäftshaus ohne entstellende Reklame.

256

257

Außentreppen

... kam unter baukünstlerischen und handwerklichen Aspekten stets eine große Beachtung zu. Größe, Ausführung und Materialauswahl geben auch heute noch Aufschluß über die Bedeutung einer Treppe. Bis zur Jahrhundertwende wurde häufig Naturstein verarbeitet, danach kamen verstärkt Werkstein, Klinker sowie Betonguß vor.

Kleinere Schäden oder leicht ausgetretene Stufen zeugen vom Gebrauch der Treppe. Wenn sie für die Benutzer keine Gefahr darstellen, können diese „Macken" oder leichten Dellen durchaus als Verschleißspuren akzeptiert werden.

258
„Modernisierte" und zur Leiter reduzierte Treppe an einem älteren Ziegelgebäude.

259
Materialgerechte Ergänzung neuer Stufen zu den beiden noch vorhandenen.

260 (R)
Eine seit über 100 Jahren erhaltene Treppe mit Sandsteinstufen und einem Originalgeländer.

261 (J)
Rekonstruierte Treppenanlage und -geländer an einem Jugendstilgebäude.

262 (H)
Erhaltene Stufenanlage an einem Historismusgebäude.

263 (J)
Rekonstruktion einer selten vorkommenden Treppenanlage mit einem Stoß aus Lavabasalt und eingelegtem Kleinpflaster.

264 (J)
Eigenwillig gestaltete Ruhrsandsteintreppe.

Weitere Verweise auf Abbildungen zu diesem Thema finden Sie auf Seite 169 ff.

Treppengeländer

... dienen der Bewegungssicherheit beim Benutzen von Stufenanlagen zwischen Straßenniveau und Hauseingang. Als Materialien dienten vorwiegend Stein, Holz und Eisen. Die Gestaltungsfülle ist wegen dieser leicht zu verarbeitenden Materialien sehr groß.

Vom Klassizismus bis hin zum auslaufenden Historismus wurden Treppengeländer häufig aus gegossenen Einzelelementen zusammengesetzt. Handwerklich geschmiedete seitliche Treppenbegrenzungen setzten sich schon in den 90er Jahren des vorigen Jahrhunderts und dann stärker nach 1900 bis in die 30er Jahre durch. Erst in den letzten 40 Jahren verkümmerten die Geländer zur regelmäßigen Reihung von zwar funktionsgerechten, jedoch dekorlosen Stäben.

Auch schadhaft gewordene Geländer lassen sich von Fachleuten sanieren oder rekonstruieren. Zur Substanzerhaltung wurden sie schon damals farbig gestrichen. Neben der anscheinend sehr beliebten Dunkelgrau- oder Schwarzfassung sind besonders zur Zeit des Jugendstils auch sonstige Farb- und Weißfassungen belegt.

Weitere Verweise auf Abbildungen zu diesem Thema finden Sie auf Seite 169 ff.

265 (J)
Saniertes, schlichtes Jugendstilgeländer am Gebäude in einer ehemaligen Arbeitersiedlung.

266
„Funktionsgerechte, pflegeleichte" seitliche Treppensicherung an einem auch im übrigen „durchmodernisierten" Haus in einer Industriesiedlung.

267 (H/J)
Aus U-Profilen mit getriebenen Blüten gearbeitetes schlichtes Geländer.

268 (R)
Grafisch gestaltetes gußeisernes Treppengeländer aus den 60er Jahren des 19. Jahrhunderts.

269 (J)
Reizvolles Jugendstilgeländer, das zur Zeit saniert wird.

270 (H)
Aus gegossenen Einzelteilen zusammengesetztes Geländer an einem Historismusgebäude der 80er Jahre des vorigen Jahrhunderts. (Die Farbfassung könnte auch grau/schwarz sein.)

Gitter an Balkonen

... wurden erst im Jugendstil wieder stärker beliebt und durchgestaltet. Vom Klassizismus bis in den späten Historismus waren Balkone nur der Austritt aus einem bevorzugten Raum. Gelegentlich kamen auch Laufgänge vor, die sich in einer Etage als schmaler Vorbau ohne Überdachung vor mehreren Fenstern herziehen. Im späten Historismus wurden Gebäude durch in die Fassade eingelegte Loggien aufgelockert. Vorgebaute größere Balkone setzten sich dann verstärkt seit der Zeit des Jugendstils durch.

272 (J)
Grafisch gestaltetes Balkongitter.

Weitere Verweise auf Abbildungen zu diesem Thema finden Sie auf Seite 169 ff.

271 (J)
Durch den Verlust der originalen Balkongitter ist dem Jugendstilgebäude ein wesentliches Gestaltungselement genommen worden.

273 (H)
Schlichtes, mit einem Mäanderband geschmücktes Historismusgitter.

274 (J)
Im oberen Teil einer Loggia ziert ein in Metall getriebenes Jugendstilelement die Wandöffnung.

276 (E)
Expressionistisches Gitter an einer doppelten Flügeltüre.

275 (J)
Spätes Jugendstilgitter mit Halterungen für Blumenkästen.

277 (J)
Ein aus Flacheisen geschmiedetes Jugendstilgitter.

Grundstückseinfassungen

. . . , dazu zählen auch Grundstückstore, gehörten bis in die 20er Jahre zu vielen freistehenden Gebäuden oder solchen mit Vorgärten. Dabei war es keineswegs nur das persönliche Bedürfnis, sich durch eine Einfriedung zu schützen. Vielmehr gab es in vielen Landesbauordnungen oder Gestaltungssatzungen der Kommunen präzise Vorschriften über die Ausführung der Gebäudeeinfriedung. Es gab teilweise konkrete Bestimmungen über die zu verwendenden Materialien, beispielsweise Holz, Eisengitter oder aufgemauerte Grundstückseinfassungen. In Preußen war zu Beginn des 19. Jahrhunderts sogar der schwarzweiße Anstrich für Grundstückseinfassungen an öffentlichen Gebäuden per Erlaß vorgeschrieben.

In den letzten 50 Jahren sind leider sehr viele alte Grundstückseinfassungen beseitigt worden. Heute werden sie zwar gelegentlich wieder rekonstruiert, in vielen Fällen wird aber auch darauf verzichtet, um Einstellplätze für Autos vor den Gebäuden zu schaffen.

278

278
Irgendwann in den 50er Jahren modernisierte Grundstückseinfassung, die steril und fremd wirkt.

279 (H)
Instand gesetztes Historismusgitter.

279

280
Teilweise rekonstruiertes Jugendstilgitter in Verbindung mit Natursteinmauerwerk.

281
Sogar die Schatten alter Gitter (Abbildung 283) beleben die Umgebung – hier den Bürgersteig.

282, 283 (H/J)
Schlichte Gitter zwischen gemauerten Ziegelpfeilern.

283

284, 285
Erhaltene Jugendstilgitter.

286 (J)
In den 80er Jahren erfolgte an diesem Gebäude die Rekonstruktion der früher für diese Straße vorgeschriebenen Einfassung mit den original erhaltenen Gittern.

284

285

286

287 (J)
Reizvolles Grundstückstor, in dem bewegte Jugendstillinien kombiniert wurden mit einem strengen Grundkonzept.

288
Der Bauherr dieses prächtigen Gebäudes wäre wegen des pseudohistorischen Törchens sicher beleidigt.

289 (J)
Interessantes Eingangstor, das durch den späten, geometrischen Jugendstil geprägt wurde.

287

288

289

Weitere Verweise auf Abbildungen zu diesem Thema finden Sie auf Seite 169 ff.

290 (J)
Perspektivisch gestaltetes, doppelflügeliges Tor an einem Jugendstilgebäude.

291
Sehr edel geschmiedetes Eingangstor, das um 1900 entstand.

292 (J/E)
Funktionalistisch anmutende Tore an einem späten Jugendstilgebäude.

293
Eingangstor zu einem 30er-Jahre-Gebäude.

Reklame

... ist keineswegs eine Erfindung unserer Zeit. Bereits im Mittelalter gab es Bauordnungen, nach denen Gewerbetreibende verpflichtet waren, durch Schilder oder Hausbemalungen ihr Gewerbe nach außen vorzustellen. Ende des 19. Jahrhunderts gab es Werbeanlagen aus emaillierten Metallplatten, Glasplatten und eigens über den Schaufenstern eingefaßten Wandflächen. Schon nach 1900 müssen Werbeanlagen als dermaßen dominierend und störend für das Stadtbild empfunden worden sein, daß sehr viele Kommunen sogenannte „Verunstaltungsverordnungen" erließen, um die Auswüchse zu verhindern.

294
Die dominierende Reklame zerteilt das noch intakte Ziegelgebäude in der Waagerechten.

Heute gibt es vorwiegend in denkmalgeschützten Altstädten Gestaltungssatzungen, in denen Form, Größe, Material usw. festgelegt sind. Solche Regelungen wären für viele Städte wünschenswert.

Dennoch, Außenwerbung ist notwendig, um Passanten und potentielle Käufer oder Benutzer zu informieren. Bei näherem Hinschauen bekundet die Form der Reklame sehr viel vom Geist und Geschmack der jeweiligen Geschäftsinhaber.

295 (H)
Innerhalb dieses Ensembles aus Historismuswohnhäusern ist der „Ausleger" recht werbewirksam.

296 (R)
Aufgemalter Schriftzug an einem Wohn- und Geschäftshaus aus der Mitte des vergangenen Jahrhunderts. Eine sehr dezente Beleuchtung könnte diese Werbefläche zusätzlich beleben, ohne die Gebäudewirkung zu beeinträchtigen.

297
Bei der vor wenigen Jahren durchgeführten Gebäudesanierung wurde der alte Schriftzug und die ursprüngliche Bezeichnung des Restaurants rekonstruiert.

298 (H)
Der markante Schriftzug belebt dieses historische Gebäude, durch das reizvolle Schattenspiel wird die Wirkung noch gesteigert.

299 (H)
Sehr zurückhaltender Neonschriftzug am Ziegelgebäude eines Abendrestaurants. Besonders in der Dunkelheit ist die charmante Werbung unübersehbar.

300 (E)
Grafisch gestaltete Werbeanlagen, die in die 30er-Jahre-Architektur integriert wurden.

301 (F)
Die festgelegte Firmenfarbe der Bank diente als reizvoller, farbiger Akzent bei der Neufassung der Gesamtfassade.

302
Zurückhaltende und dennoch werbewirksame Reklame.

Weitere Verweise auf Abbildungen zu diesem Thema finden Sie auf Seite 169 ff.

Innenräume

. . . gelten als Privatsache und sind es natürlich auch. Daß die meisten von ihnen bis in die 30er Jahre farbig gefaßt waren, ist wenig bekannt.

Der authentischen Innenraumsanierung wird heute bestenfalls in Sakralbauten sowie in repräsentativen Verwaltungs- und Villengebäuden eine gewisse Aufmerksamkeit geschenkt. Besitzer von älteren Bürgerhäusern ahnen meist nichts von historischen Ausmalungen der Räume. Leider sind viele von ihnen in den alten Bürgerhäusern unwiederbringlich verlorengegangen; in den neuen Bundesländern ist der Bestand nach dem derzeitigen Einblick wesentlich größer. Oft sind die alten Ausmalungen von leicht zu beseitigenden Anstrichen verdeckt.

Da auch die historischen Raumfassungen zum Gesamtgebäude gehören, sollte bei Sanierungen wie folgt vorgegangen werden:

- Soweit Dekorationsmalereien oder aufschablonierte Fassungen noch unzerstört vorhanden sind, gilt es, sie zu konservieren.

- Beschädigte Ausmalungen sollten behutsam restauriert werden, und zwar mit den historischen Techniken und Materialien. Es wird auch die Meinung vertreten, bei verlorengegangenen Teilen nur die Form zu ergänzen und diese dann grau zu fassen, um so den Verlust der ursprünglichen Substanz kenntlich zu machen.

- Ist die ursprünglich vorhandene Innenraumausmalung bekannt, der Originalbefund jedoch nur noch in vereinzelten Resten zu ermitteln, so kann das ursprüngliche Erscheinungsbild rekonstruiert werden. Bei diesen Arbeiten sind in vielerlei Hinsicht Spezialkenntnisse erforderlich.

- Fehlen sowohl Dokumente wie Befunde, dann sind Neufassungen im heutigen Zeitstil möglich. Sie sollten allerdings immer auf dem historischen Architekturkonzept basieren. Vereinzelt wird gegenwärtig der Wunsch nach einer dem Gebäudetyp und -stil entsprechenden Fassung gewünscht. Ein solches analoges Vorgehen ist zwar möglich, sollte allerdings nur von Spezialisten ausgeführt werden, die sich vor allem in der historischen Ornamentik und Raumgliederung des jeweiligen Stils und Gebäudetyps auskennen.

Schwierig wird es, wenn historische Befunde oder Dokumente über ehemalige Innenraumausmalungen zwar vorhanden sind, aber nicht dem Geschmack der heutigen Nutzer entsprechen. In diesen Fällen sollen die historischen Fassungen dokumentiert und den jeweiligen Bauakten beigelegt werden. Mit reversiblen, wieder leicht zu beseitigenden Anstrichen kann dann dem heutigen Geschmacksempfinden Rechnung getragen werden. Bewährt hat es sich, mit einigen kleinen

Befundfenstern auf die historische Fassung hinzuweisen. Diese Farbfelder können mit Bildern oder durch Möbel verdeckt werden.

Es wird vielleicht noch einige Zeit dauern, bis auch die authentische Innenraumfassung mehr geschätzt wird als unser seit 40 Jahren propagiertes Weiß.

303, 304, 305
Original erhaltene, nie überstrichene Historismusmalerei in einem Wohnhaus aus den 90er Jahren des vorigen Jahrhunderts.

303

304

305

306, 307
Nach Beseitigen der deckenden Anstriche bestätigte sich die Vermutung von Befunden. Die ursprünglichen Schablonenmalereien konnten freigelegt werden, sie bedurften nur geringfügiger Restaurierungen.

308 (1910), 309 (1960), 310 (1993)
Eingehende Bauforschung führte zu Fotos von der ursprünglichen Ausmalung in dieser 1960 modernisierten Jugendstilhalle. Durch Befunduntersuchungen konnten Hinweise auf die Erstfassung ermittelt werden. Das ursprüngliche Erscheinungsbild dieser Halle wurde weitgehend rekonstruiert.

306 (vorher)

307 (nachher)

308

309

310

311

311, 312
In der ältesten Parabelkirche Deutschlands (1923 bis 1925) – sie steht im Ruhrgebiet – scheiterten die fruheren Ausmalungspläne immer an den mangelnden Finanzen. Zur Verbesserung der Akustik wurde in den 60er Jahren die Holzdecke eingezogen. Anfang der 90er Jahre erfolgte eine auf die Architektur bezogene Neufassung des Raumes.

312

313, 314
In diesem Historismusfoyer (1885) wurden die Modernisierungen der 30er Jahre rückgängig gemacht und eine analoge Neufassung durchgeführt.

313

314

Fachausdrücke

authentische Sanierung	eine der ursprünglichen Baukonzeption und dem gesamten Erscheinungsbild entsprechende Instandsetzung
Balustrade	ein – meist durch ornamental gestaltete Stützen – durchbrochenes Geländer an Balkonen oder Dachabschlüssen
Befunderhebung	systematische Analyse der historischen Bausubstanz sowie aller Farbschichten an und in einem Gebäude
Befundfenster	freigelegte Farbschichten an oder in historischen Gebäuden, die in ihrer zeitlichen Abfolge dokumentiert werden
Biberschwanzeindeckungen	flache, oft gebrannte Tonziegel, die am unteren Ende abgerundet sind oder in einer Spitze enden
Bossenmauerwerk	setzt sich aus behauenen Natur- oder Werksteinen zusammen, meist mit einer gewölbten Vorderseite.
Brandgiebel	fensterlose Wand, die in ihrer Materialzusammensetzung keine brennbaren Teile enthält und dem Nachbarn den Anbau ermöglicht
Buntart, Buntton	Bezeichnung für die Buntheit einer Farbe; diese Begriffe setzen sich heute verstärkt durch anstelle des früher geläufigen Begriffs „Farbton". Gesättigte Bunttöne weisen einen hohen Anteil von Pigmenten auf; schwach gesättigte Bunttöne zeichnen sich durch einen hohen Anteil unbunter Farben und einen niedrigen Anteil von Pigmenten aus.
Dekorationssystem	alle gliedernden und schmückenden, plastischen oder eingelegten Formen auf einer glatten Wandfläche, deren Teile zusammen ein Ganzes bilden

Ensembles	Baugruppen, Straßenzeilen, geschlossene Siedlungen oder Ortskerne, die durch entstehungsgeschichtliche Zusammenhänge geprägt sind und ortsbildprägenden Charakter haben
Erkerhelm	Abdeckung über einem ein- oder mehrgeschossigen, geschlossenen, plastisch an der Fassade oder der Ecke eines Gebäudes vortretenden Bauteil
Farbe	ein durch das Auge vermittelter Sinneseindruck. Es wird zwischen bunten und unbunten Farben unterschieden: Bunte Farben sind Farben, die Anteile eines bunten Farbtones enthalten – wenn auch nur geringe. Unbunte Farben weisen keinerlei Buntpigmente auf, sie sind weiß, grau oder schwarz.
Farbmetrik	mit wissenschaftlichen Meßmethoden erfaßte Bunt- und Unbunttöne innerhalb eines Farbsystems
Farbton	die Buntheit einer Farbe, z. B. Rot, Gelb oder Grün (siehe Buntart)
Fasche	in den Putz eingearbeitete Einfassung an Fenstern und Türen
Fassung	Fachausdruck für den farbigen Anstrich an oder in einem Gebäude
Fensterlaibung	seitliche Flächen der Mauerwerksöffnung, in die ein Fenster eingelassen wurde
Fledermausgaube	oder Froschmaulgaube; eine geschwungene Öffnung in der Dachfläche
Gefacheausmalung	Bemalung einer von Fachwerkhölzern umgebenen Mauerwerksfläche
Gehrung	Begriff aus dem Tischlerhandwerk: die Schräge, die beim Ansetzen von winkligen Profilen entsteht

Gesims	horizontales, plastisches Bauelement, das eine Außenwand waagerecht gliedert. Man unterscheidet zwischen Wandgesimsen (Sockel-, Fensterbank-, Solbank-, Gurtgesims) sowie Dachgesimsen (Kranz- oder Konsolgesims).
Hellbezugswert	Maß für die Helligkeit von Anstrichfarben (Körperfarben); die Angabe eines Hellbezugswerts sagt etwas darüber aus, wieviel auf eine Oberfläche treffendes Licht von dieser zurückgestrahlt wird – verglichen mit einer optimal weißen Oberfläche. Hellbezugswerte werden von 0 bis 100 angegeben, wobei ein optimal schwarzer Farbton den Hellbezugswert 0 und ein optimal weißer – in der Praxis kaum vorkommender Farbton – den Hellbezugswert 100 hat.
Kämpfer	hochliegender, fester Querriegel, meist im oberen Teil des Fensters oder zwischen Tür und Oberlicht
kannelierte Säule	runde Säule mit senkrechten Rillen
Kapitell	ein oft dekorativ gestaltetes Baudetail, das zwischen einer Säule und der darüber liegenden, meist quadratischen Abdeckplatte formal vermittelt
Kreuzstockfenster	Fenster mit einem Fensterkreuz: ein breites Kämpferholz in der Waagerechten und ein Fensterstock in der Senkrechten
Krüppelwalmdach	Satteldach, an dem die oberen Giebel zur Fassade hin abgeschrägt sind
K-Wert	Wert für die Errechnung des Taupunktes im Mauerwerk (nach DIN 4108). Für historische Gebäude gelten diese Mindestwerte nur bedingt.
Loggia	überdeckter Vorbau oder eine in die Fassade eingelassene, begehbare Öffnung

Mäanderband	fortlaufendes Ornament mit rechtwinkliger Richtungsänderung
Mansarddach	geknicktes Dach, mit steilerer Neigung im unteren und flacherer Neigung im oberen Teil. In dem steileren Teil befinden sich meist Dachwohnungen – die Mansarden.
Mezzanin-Geschoß	Halb- oder Zwischengeschoß am oberen Abschluß eines Barock- oder Historismusgebäudes
Monochromie	Einfarbigkeit. Wie in der Malerei bezeichnet der Begriff hier eine empfindungsmäßige Farbtongleichheit in unterschiedlichen Aufhellungen und Dunkelstufen eines Munttons mit den entsprechenden empfindungsmäßig farbtongleichen Graustufen (siehe S. 20).
Ortgang	bildet zusammen mit dem Ortbrett (oder Windbrett) den hölzernen Abschluß der Dachdeckung am Giebel eines Gebäudes.
Palmette	palmblattähnliche Baudekoration, die häufig bei klassizistischen Gebäuden, vereinzelt auch bei frühen Historismusdekorationen, vorkam
Pigmente	unlösliche anorganische oder organische Farbmittel (Farbpulver), die den Anstrichfarben beigegeben werden, um einen Bunteindruck zu erreichen
Polychromie	Vielfarbigkeit. Kombination mehrerer Farbtöne, die sich in ihrer Buntart voneinander unterscheiden
polygonal	vieleckig
Risalit	ein vorspringender Bauteil vor dem Hauptbaukörper, der von der Basis bis zum Gebäudeabschluß reicht. Gelegentlich endet er in einem Ziergiebel.

Sättigung	Grad der Buntheit einer Farbe. Eine gesättigte Farbe ist in ihrer Erscheinung sehr bunt, eine schwach gesättigte pastellfarben.
Scharrierung	bearbeitete Steinfläche, die schmale durchgehende Rillen aufweist. Bei harten Putzen ist seit den 20er Jahren das gleiche Verfahren insbesondere an Fenster- und Türeinfassungen angewandt worden.
Sgraffitto-Malerei	Kratzputztechnik, bei der unterschiedlich farbig getönte Schichten übereinander aufgeputzt werden. Durch Abkratzen der oberen Schichten stößt man auf die andersfarbigen unteren Schichten und erreicht auf diese Weise die gewünschte ornamentale Dekoration, die sehr haltbar ist. Insbesondere an Historismusgebäuden waren schwarz/graue Sgraffitto-Malereien häufig anzutreffen.
Windbrett	siehe Ortgang

Abbildungen

... bilden die Realität ab. Parkende Autos, Verkehrsschilder, üppige Bäume oder auch Elektrooberleitungen beeinträchtigen das eine oder andere Bild – doch diese störenden Dinge sind Bestandteile unserer heutigen Städte.

Auch fallende Linien ließen sich nicht immer vermeiden. Denn große Gebäude in schmalen Straßen zu fotografieren, ist zwangsläufig mit diesen Nebenwirkungen verbunden. Doch der Informationswert steht hier im Vordergrund.

Alle hier gezeigten Objekte stammen aus dem Ruhrgebiet, bis auf einige wenige in unmittelbarer Nähe, die von mir beraten wurden. Auf Ortsangaben wurde bewußt verzichtet.

Abbildung 9 wurde dem Buch von Dr. Barbara Maas, „Im Hause des Kommerzienrats. Villenarchitektur und großbürgerliche Wohnkultur – das Beispiel Mülheim an der Ruhr", Mülheim an der Ruhr: Edition Werry 1990, Seite 172, entnommen.

Abbildung 10 (Straßenzeile der Kruppsiedlung Margarethenhöhe in Essen, 1912) stammt aus dem Buch von Hans G. Kösters, „Dichtung in Stein und Grün – Margarethenhöhe", Essen: Verlag Beleke 1981, Seite 100 und 101.

Beiden Autoren danke ich herzlich für die Abdruckgenehmigung.

Die übrigen Schwarzweißaufnahmen sind alten Bauzeitungen entnommen.

Abkürzungen

Hinter den Abbildungsnummern steht meist eine Angabe zur Architekturperiode des Bauwerks. Abbildung **99 (J)** zum Beispiel bedeutet: Es handelt sich um ein Jugendstilgebäude.

Folgende Abkürzungen wurden verwendet:

(K)	Klassizismus
(R)	Romantik
(H)	Historismus
(J)	Jugendstil
(E)	Expressionismus
(F)	Funktionalismus

Abb. 186: Unterstreichung der Abbildungsnummer bedeutet, daß es sich um ein von mir beratenes Objekt handelt.

Anhang

Im folgenden wurde eine Auswahl von Abbildungen zusammengestellt, die die behandelten Themen zusätzlich illustrieren.

123/219 bedeutet beispielsweise, daß auf Seite 123 die Abbildung 219 ebenfalls ein Ziegelgebäude oder ein Detail davon zeigt.

Monochromie

42/29, 43/31, 44/33, 55/59, 57/62, 57/63, 69/87, 69/88, 70/89, 70/90, 70/91, 73/94, 73/95, 73/96, 74/97, 74/98, 75/99, 75/101, 76/102, 76/103, 76/104, 77/105, 77/106, 77/107, 78/109, 79/110, 79/111, 79/112, 80/113, 81/114, 84/121, 85/123, 85/124, 86/125, 87/127, 87/128, 87/129, 88/131, 88/132, 88/133, 89/134, 89/135, 89/136, 90/139, 92/143, 92/144, 98/156, 99/159, 103/167, 103/168, 103/169, 109/182, 109/183, 114/197, 116/202, 117/205, 121/213, 125/224

Ensembles

14/3, 19/10, 46/38, 153/295

Fachwerk an Gebäuden

15/5, 20/14, 46/37, 95/150, 102/166

Natursteingebäude

106/174, 122/215, 124/222, 125/223, 133/245, 133/246, 133/247, 142/268, 154/296

Naturstein und Putz

17/7, 18/9, 19/10, 20/14, 43/32, 95/150, 111/186, 115/201, 116/202, 120/210, 125/226, 133/248

Ziegelgebäude

42/29, 96/152, 112/191, 121/211, 121/212, 122/214, 122/215, 123/217, 123/219, 126/229, 127/231, 127/232, 127/233, 145/277, 153/294, 155/300

Ziegelmauerwerk mit Putz

14/3, 15/5, 17/6, 17/8, 42/29, 45/36, 46/38, 46/39, 48/43, 70/89, 70/90, 70/91, 100/161, 102/166, 113/196, 117/204, 126/230, 129/235, 129/236, 132/244, 153/295

Putzgebäude

Dezent

19/11, 50/46, 50/47, 126/228, 129/237, 136/254, 144/273, 145/276

„Normal“

Markant

Gold

Aufwertung von 50er-Jahre-Gebäuden

Baudetails

Dächer

Dachgauben

Giebel und Ortgänge

Dach- und Giebeluntersichten

Haustüren

Türen in Doppelhäusern

Vordächer an Haustüren

Fenster

Fensterläden

Fenstergitter

Schaufenster

Außentreppen

Treppengeländer

Gitter an Balkonen

Grundstückseinfassungen

Reklame

Weiterführende Literatur

. . . zum Thema Instandsetzung und Sanierung von Häusern gibt es in großer Zahl. Die folgende Auswahl von Sachbüchern kann daher nur sehr begrenzt sein; auf die Angabe von Zeitschriftenartikeln wurde bis auf einen verzichtet.

Die Reihenfolge der Fachbuchzusammenstellung entspricht dem Inhaltsverzeichnis.

Aufgenommen wurden nur solche Werke, die zum Zeitpunkt der Drucklegung dieses Buches im Buchhandel lieferbar waren. (Die Preisangaben entsprechen dem Stand von Oktober 1993.) Fachbücher, die inzwischen vergriffen sind, können über öffentliche Bibliotheken ausgeliehen werden.

Informationen und Dokumentationen zur Architekturgeschichte einer Stadt oder Region sind in den Stadt- oder Kreisarchiven erhältlich; auch örtliche Buchhandlungen bieten meist Titel aus der heimatlichen Region an.

Adressen

Folgende Einrichtungen veröffentlichen eigenes Informationsmaterial:

Geschäftsstelle des Deutschen Nationalkomitees für Denkmalschutz, Graurheindorfer Straße 198, 53117 Bonn

Dokumentation von Fachtagungen zu unterschiedlichen Problemen der Denkmalpflege

Herausgabe von Informationsblättern (alle Veröffentlichungen kostenlos)

Bundesarbeitskreis für Altbauerneuerung, Konstantinstraße 20, 53179 Bonn

Fachveröffentlichungen zu Altbaufragen (Übersicht kostenlos, Hefte zu Fachfragen gegen geringe Gebühr)

Nachweis von Fachleuten auf dem Gebiet der Altbausanierung

Deutsches Zentrum für Handwerk und Denkmalpflege, Propstei Johannesberg, 36041 Fulda

Herausgeber von Arbeitsblättern und den „Johannesberger Informationen" zu zahlreichen Fachgebieten

Informationszentrum RAUM und BAU der Fraunhofer-Gesellschaft, Nobelstraße 12, 70569 Stuttgart

Größte Datenbank für Bauliteratur (national und international)

Die Datenbanken MONUDOC und MONULIT umfassen Informationen zur Denkmalpflege insgesamt und sehr vielen Fachbereichen, die die Altbausanierung betreffen. (Informationen über das Gesamtangebot kostenlos)

Ministerium für Stadtentwicklung und Verkehr des Landes Nordrhein-Westfalen, Breite Straße 31, 40213 Düsseldorf

Veröffentlichungen zu unterschiedlichen Bau-, Denkmal- und Sanierungsproblemen (meist kostenlos)

(Fachministerien anderer Bundesländer geben ähnliche Veröffentlichungen heraus.)

Kleine Stilkunde

Gerner, M.: **Handwerkerlexikon**. Wörterbuch für das Bauhandwerk. Stuttgart: Deutsche Verlags-Anstalt 1984. ISBN 3 42102 825 7. DM 39,80.

Koch, W.: **Baustilkunde**. Das große Standardwerk zur europäischen Baukunst von der Antike bis zur Gegenwart. 11., erweiterte und völlig neubearbeitete Auflage. München: Mosaik-Verlag 1991. ISBN 3 57610 023 7. DM 54,–.

Koepf, H.: **Bildwörterbuch der Architektur**. 2. Auflage. (Kröners Taschenausgabe Bd. 194) Stuttgart: Kröner-Verlag 1985. ISBN 3 52019 402 3. DM 38,80.

Kostof, S.: **Vom Klassizismus bis zur Moderne**. Stuttgart: Deutsche Verlagsanstalt 1993. ISBN 3 42102 043 X. DM 88,–.

Klassizismus

Dolgner, D.: **Klassizismus**. Leipzig: Seemann-Kunstverlag 1991. ISBN 3 36300 490 7. DM 49,80.

Mellinghoff, T. und Watkin, D.: **Deutscher Klassizismus**. Architektur 1740-1840. Stuttgart: Deutsche Verlagsanstalt 1989. ISBN 3 42102 964 4. DM 160,–.

Historismus

Dolgner, D.: **Historismus**. Deutsche Baukunst 1815–1900. Leipzig: Seemann-Kunstverlag 1993. ISBN 3 36300 583 0. DM 59,–.

Maas, B.: **Im Hause des Kommerzienrats**. Villenarchitektur und großbürgerliche Wohnkultur – Das Beispiel Mülheim an der Ruhr. Mülheim an der Ruhr: Edition Werry 1990. ISBN 3 88867 033 0. DM 72,–.

Mignot, C.: **Architektur des 19. Jahrhunderts**. Stuttgart: Deutsche Verlags-Anstalt 1983. ISBN 3 42102 595 9. DM 88,–.

Vom Jugendstil zum Funktionalismus

Lexikon der Architektur des 20. Jahrhunderts. Stuttgart: Verlag P. Hatje 1983. ISBN 3 77570 174 5. DM 48,–.

Curtis, W. J. R.: **Architektur im 20. Jahrhundert**. Stuttgart: Deutsche Verlags-Anstalt 1989. ISBN 3 42102 951 2. DM 138,–.

Russell, F. (Hrsg.): **Architektur des Jugendstils**. Die Überwindung des Historismus in Europa und Nordamerika. Stuttgart: Deutsche Verlags-Anstalt 1982. ISBN 3 42102 570 3. DM 148,–.

Lampugnani, V. und Schneider, R. (Hrsg.): **Moderne Architektur in Deutschland 1900 bis 1950**. Expressionismus und neue Sachlichkeit. Stuttgart: Verlag G. Hatje. ISBN 3 75570 452 3. Erscheint Herbst 1993.

Busch, W.: **Bauten der 20er Jahre an Rhein und Ruhr**. Köln: Verlag Bachem 1993. ISBN 3 76161 089 0. DM 78,–.

Müller-Wucklow, W.: **Architektur der 20er Jahre in Deutschland**. 5 Bände. Königstein: Langewische-Verlag 1990. ISBN 3 78458 041 6). DM 128,–.

Siedlungen der 20er Jahre. Dokumentation des Deutschen Nationalkomitees für Denkmalschutz. Informationsbroschüre Nr. 28. Bonn 1985. Kostenlos (Anschrift siehe oben).

Durth, W. und Gutschow, N.: **Architektur und Städtebau der 50er Jahre**. Deutsches Nationalkomitee für Denkmalschutz. Informationsbroschüre Nr. 33. Bonn 1987. Kostenlos (Anschrift siehe oben).

Architektur und Städtebau der 50er Jahre. Deutsches Nationalkomitee für Denkmalschutz. Informationsbroschüre Nr. 41. Bonn 1990. Kostenlos (Anschrift siehe oben).

Postmoderne

Cejka, J.: **Tendenzen zeitgenössischer Architektur**. Stuttgart, Berlin, Köln: Kohlhammer-Verlag 1993. ISBN 3 17012 219 3. DM 34,80.

Monochromie und historische Farbigkeit

Darmstadt, Ch.: **Fassaden gestalten mit Farbe**. Grundlagen und Hinweise für die Praxis. 3. Auflage. Bochum: Kleffmann-Verlag 1990. ISBN 3 87414 059 8. DM 58,–.

Denkmalpflege

Denkmalfibel. Bayerisches Staatsministerium für Unterricht, Kultur, Wissenschaft und Kunst (Hrsg.). Hinweise zu Denkmalschutz und Denkmalpflege. Bearbeitet von W. Schidermayr und J. Scherg. München: Callwey-Verlag 1991. ISBN 3 76670 868 6. DM 38,–.

Berger, H. u. a.: **Baudenkmalpflege**. Beiträge zur Methodik und Technologie. (Schriften zur Denkmalpflege) Herausgegeben vom Institut für Denkmalpflege. Berlin: Verlag für Bauwesen 1990. ISBN 3 34500 279 5. DM 68,–.

Grätz, R. (Hrsg.): **Denkmalschutz und Denkmalpflege**. 10 Jahre Denkmalschutzgesetz Nordrhein-Westfalen. Köln: Rheinlandverlag und Bonn: R. Habelt-Verlag 1991. ISBN 3 79271 212 1. DM 24,80.

Denkmalschutz und Denkmalpflege in Nordrhein-Westfalen. Bericht 1980 – 1990. Ministerium für Stadtentwicklung und Verkehr des Landes Nordrhein- Westfalen (Hrsg.). Düsseldorf o. J. Kostenlos (Anschrift siehe oben).

Das Denkmal und sein Eigentümer – das Denkmal in privater Hand. Deutsches Nationalkomitee für Denkmalschutz. Informationsbroschüre Nr. 43. Bonn o. J. Kostenlos (Anschrift siehe oben).

Das Baudenkmal und seine Ausstattung: Substanzerhaltung in der Denkmalpflege. Deutsches Nationalkomitee für Denkmalschutz. Informationsbroschüre Nr. 31. Bonn 1986. Kostenlos (Anschrift siehe oben).

Bauforschung

Dzierzon, M. und Zull J.: **Altbauten zerstörungsarm untersuchen**. Bauaufnahme – Holzuntersuchung – Mauerfeuchtigkeit. Köln: R. Müller-Verlag 1990. ISBN 3 48100 168 1. DM 88,–.

Schmidt, W.: **Das Raumbuch als Instrument denkmalpflegerischer Bestandsaufnahme und Sanierungsplanung**. Arbeitsheft 44. Herausgegeben vom Bayerischen Landesamt für Denkmalpflege. München: Lipp-Verlag 1989. DM 28,–.

Darmstadt, Ch.: **Die historische Farbigkeit oder „Befund ist Befund"?** In: Deutsche Bauzeitung. Heft 1 (1992), Seite 69–73.

Instandsetzen und Rekonstruieren

Ahnert, R. und Krause, K. H.: **Typische Baukonstruktionen von 1860 bis 1960**. Band 1: Gründungen, Wände, Decken, Dachtragwerke. Wiesbaden und Berlin: Bauverlag 1991. ISBN 3 34500 436 4. DM 58,–.

Ahnert, R. und Krause, K. H.: **Typische Baukonstruktionen von 1860 bis 1960**. Band 2: Stützen, Treppen, Balkone und Erker, Bogen, Fußböden, Dachdeckungen. 2. Auflage. Wiesbaden und Berlin: Bauverlag 1993. ISBN 3 34500 556 5. DM 58,–.

Brandle, E.: **Sanierung alter Häuser**. München, Wien, Zürich: BLV-Verlagsgesellschaft 1991. ISBN 3 40514 296 2. DM 49,80.

Dartsch, B. (Hrsg.): **Bauen heute in alter Substanz** – Historische Baubestimmungen und aktuelle Hinweise. Alte Regeln der Bautechnik. Köln: R. Müller-Verlag 1990. ISBN 3 48100 189 4. DM 50,–.

Gerner, M.: **Historische Häuser erhalten und instandsetzen**. 2., völlig neubearbeitete und erweiterte Auflage. Augsburg: Augustus-Verlag 1990. ISBN 3 80432 490 8. DM 78,–.

Kastner, R. H.: **Gebäudesanierung**. Analyse – Planung – Durchführung. München: Callwey-Verlag 1983. ISBN 3 76670 665 9. DM 68.--.

Rau, O. und Braune, U.: **Der Altbau**. Renovieren – Restaurieren – Modernisieren. 5. Auflage. Leinfelden-Echterdingen: Verlagsanstalt A. Koch 1992. ISBN 3 87422 600 X. DM 158,–.

Reul, H.: **Handbuch Bautenschutz und Bausanierung**. Leitfaden für die Sanierungsbranche. 3., erweiterte Auflage. Köln: R. Müller-Verlag. Erscheint 1994. ISBN 3 48100 709 4. DM 89,–.

Schmitz H. und Stannek N.: **Erhalt von Bauteilen**. Hohe Qualität – niedrige Kosten. Köln: R. Müller-Verlag 1991. ISBN 3 48100 260 2. DM 85,–.

Schmitz, H. u. a.: **Konstruktionsempfehlungen**. Altbaumodernisierung im Detail. 2., überarbeitete Auflage. Köln: R. Müller-Verlag 1991. ISBN 3 48100 137 1. DM 98,–.

Modernisieren

Ahrendt, C.: **Altbausanierung**. Leitfaden zur Erhaltung und Modernisierung alter Häuser. Stuttgart: Deutsche Verlags-Anstalt 1993. ISBN 3 42102 974 1. DM 148,–.

Pracht, K.: **Gestaltungsakzente am Bau: Strukturen – Profile – Ornamente**. Vokabeln einer Architektursprache. Stuttgart: Deutsche Verlagsanstalt 1992. ISBN 3 42102 026 X. DM 148,–.

Schmitz H. (Hrsg.): **Chancen im Modernisierungsmarkt**. Altbaumodernisierung im Detail. Köln: R. Müller-Verlag 1993. ISBN 3 48100 134 7. DM 98,–.

Schmitz, H. (Hrsg.): **Planungsgrundlagen**. Altbaumodernisierung im Detail. Köln: R. Müller-Verlag 1993. ISBN 3 48100 136 3. DM 98,–.

Weber, H. u. a.: **Fassadenschutz und Bausanierung**. 4., völlig neubearbeitete und erweiterte Auflage. Renningen: Expert-Verlag 1988. ISBN 3 81690 275 8. DM 98,–.

Sanierungskosten

Die staatliche Bauförderung. Die Fördermöglichkeiten im Überblick. Bundesarbeitskreis für Altbauerneuerung e. V. (Hrsg.). Bonn 1993. DM 10,– (Anschrift siehe oben).

Fuchsbichler, M.: **Kostenschatzung Altbaumodernisierung**. Ein schnelles und präzises Indexermittlungsverfahren für Österreich, BRD und Schweiz. 2. Auflage. Berlin: Springer-Verlag 1991. ISBN 3 21182 195 3. DM 98,–.

Kleeberg, R. und Eberl, W.: **Kulturgüter in Privatbesitz**. Handbuch für das Denkmalrecht und Steuerrecht. Heidelberg: Verlag Recht und Wirtschaft 1990. ISBN 3 80056 286 3. DM 138,–.

„Charme des Gebrauchten"

Brachert, T.: **Patina**. Von Nutzen und Nachteil der Restaurierung. München: Verlag Callwey 1985. ISBN 3 76670 778 7. DM 68,–.

Fachwerk

Gerner, M.: **Fachwerk – Entwicklung, Gefüge, Instandsetzung**. Achitektur, Forschung und Enwicklung. 6. Auflage. Stuttgart: Deutsche Verlags-Anstalt 1989. ISBN 3 42102 475 8. DM 88,–.

Gerner, M.: **Farbiges Fachwerk**. Ausfachung, Putz, Wärmedämmung, Farbgestaltung. Stuttgart: Deutsche Verlags-Anstalt 1983. ISBN 3 42102 807 9. DM 98,–.

Gerner, M.: **Fachwerksünden**. Deutsches Nationalkomitee für Denkmalschutz. Informationsbroschüre Nr. 27. 2. Auflage. Bonn 1989. Kostenlos (Anschrift siehe oben).

Issel, H.: **Der Holzbau (1900)**. Reprint. Hannover: Verlag Th. Schäfer 1985. ISBN 3 88746 086 3. DM 59,–.

Naturstein

Meisel, U.: **Naturstein**. Erhaltung und Restaurierung von Außenbauteilen. Wiesbaden und Berlin: Bauverlag 1988. ISBN 3 76252 617 6. DM 98,–.

Nodoushani, M.: **Sanierung historischer Bauwerke aus Naturstein**. Ratschläge zur Beurteilung und Behebung von Schäden. Wiesbaden und Berlin: Bauverlag 1993. ISBN 3 76253 011 4. DM 128,–.

Ziegelgebäude

Bender, W. (Hrsg.): **Lexikon der Ziegel**. Vom Antikziegel zum Zellenblockziegel in Wort und Bild. Wiesbaden und Berlin: Bauverlag 1992. ISBN 3 76252 832 2. DM 74,–.

Putzgebäude

Brasholz, A.: **Beschichtungs- und Anstrichschäden bei Alt- und Neubauten**. Schadensbild, Ursache, Behebung, Vorbeugung. 2., neubearbeitete Auflage. Wiesbaden und Berlin: Bauverlag 1991. ISBN 3 76251 387 2. DM 98,–.

Brasholz, A.: **Der Fassadenanstrich**. Untergründe, Werkstoffe, Ausführungen. München: Callwey-Verlag 1984. ISBN 3 76670 715 9. DM 78,–.

Darmstadt, Ch.: **Fassaden gestalten mit Farbe**. Grundlagen und Hinweise für die Praxis. 3. Auflage. Bochum: Kleffmann-Verlag 1990. ISBN 3 87414 059 8. DM 58,–.

Vierl, P.: **Putz und Stuck**. Geschichte und Technik. Ein Handbuch für Denkmalpfleger, Restauratoren und Stukkateure. München: Callwey-Verlag 1984. ISBN 3 76670 717 5. DM 68,–.

Gold

Kellner, H.: **Vergolden**. Das Arbeiten mit Blattgold. München: Callwey-Verlag 1992. ISBN 3 76670 027 3. DM 48,–.

Architekturmalerei

Tafelmaier W. u. a.: **Architekturmalerei an Fassaden**. Anregungen – Vorlagen – Techniken. Stuttgart: Deutsche Verlags-Anstalt 1988. ISBN 3 42102 937 7. DM 68,–.

Dach

Schunck, E. u. a.: **Dach-Atlas**. Geneigte Dächer. Köln: R. Müller-Verlag 1991. ISBN 3 48100 327 7. DM 198,–.

Fingerhut, P.: **Schieferdächer**. Altdeutsche Schieferdeckung – Rechteck-Doppeldeckung. 3., überarbeitete und erweiterte Auflage. Köln: R. Müller-Verlag 1991. ISBN 3 48100 314 5. DM 98,–.

Götz, G. A.: **Ornamente an Dach und Fassade**. Köln: R. Müller-Verlag 1992. ISBN 3 48100 465 6. DM 98,–.

Ostendorf, F.: **Die Geschichte des Dachwerks**. Erläuterung an einer großen Anzahl mustergültiger alter Konstruktionen (Leipzig 1908). Reprint. Hannover: Verlag Th. Schäfer 1982. ISBN 3 88746 022 7. DM 78,–.

Haustüren

Krauth, T. und Sales Meyer, F.: **Die Bauschreinerei**. Das Schreinerbuch I (1899). Reprint. Hannover: Verlag Th. Schäfer 1981. ISBN 3 88746 003 0. DM 59,–.

Fenster

Arbeitsblätter des Deutschen Zentrums für Handwerk und Denkmalpflege. Nr. 14–26 (1992). Je Arbeitsblatt DM 2,50 (Anschrift siehe oben).

Augen des Hauses. Deutsches Nationalkomitee für Denkmalschutz. Faltblatt F 7. Bonn 1991. Kostenlos (Anschrift siehe oben).

Graef, A. M.: **Der praktische Fensterbauer** (Klassische Vorlagenbücher für den Praktiker, Bd. 5, 1874). Reprint. Hannover: Verlag Th. Schäfer 1992. ISBN 3 88746 283 1. DM 78,–.

Krauth, T. und Sales Meyer, F.: **Die Bauschreinerei**. Das Schreinerbuch I (1899). Reprint. Hannover: Verlag Th. Schäfer 1981. ISBN 3 88746 003 0. DM 59,–.

Remmert, E.: **Jugendstilfenster in Deutschland**. Weingarten: Kunstverlag Weingarten 1984. ISBN 3 81702 001 5. DM 138,–.

Remmert, E.: **Jugendstilfenster in Norddeutschland**. Weingarten: Kunstverlag Weingarten 1993. ISBN 3 81702 022 8. DM 138,–.

Remmert, E.: **Originale Fensterentwürfe des Jugendstils**. Ein gesammeltes Vorlagenwerk. Weingarten: Kunstverlag Weingarten 1991. ISBN 3 81702 020 1. DM 268,–.

Schaufenster in historischen Bauten. Deutsches Nationalkomitee für Denkmalschutz. Faltblatt F 13. Bonn 1991. Kostenlos (Anschrift siehe oben).

Treppen

Mielke, F.: **Handbuch der Treppenkunde**. Hannover: Verlag Th. Schäfer 1993. ISBN 3 88746 312 9. DM 108,–.

Grundstückseinfassungen

Krauth, Th.: **Das Schlosserbuch**. Die Kunstschlosserei und Bauschlosserei in ihrem gewöhnlichen Umfang mit besonderer Berücksichtigung der kunstgewerblichen Form (1897). 10. Auflage. Reprint. Hannover: Verlag Th. Schäfer 1991. ISBN 3 88746 005 7. DM 59,–.

Pracht K.: **Gitter**. Zäune, Geländer und Gestänge aus Stahl. Stuttgart: Deutsche Verlags-Anstalt 1987. ISBN 3 42102 896 6. DM 132,–.

Ruhrgebiet allgemein

Bourée M.: **Kulturatlas Ruhrgebiet**. Gelsenkirchen: Erbe-Verlag 1993. DM 49,80.

KVR und Geographisches Institut der Ruhr-Universität Bochum (Hrsg.): **Vor Ort im Ruhrgebiet**. Ein geographischer Exkursionsführer. Essen: Pamp-Verlag 1993. ISBN 3 89355 088 7. DM 36,–.

Mehling, M.: (Hrsg): **Knaurs Kulturführer in Farbe: Nordrhein-Westfalen**. München: Verlag Droemer-Knaur 1993. ISBN 3 42626 621 0. DM 36,–.

Parent, T.: **Das Ruhrgebiet**. Kultur und Geschichte im „Revier" zwischen Ruhr und Lippe. Köln: Verlag DuMont 1991. ISBN 3 77011 368 3. DM 44,–.

Dr. Christel Darmstadt

Die Autorin

... studierte Kunstgeschichte, Kunstpädagogik und Andragogik an den Universitäten Dortmund und Bochum.

1972 Staatsarbeit über „Historismus und Jugendstil in der Wittener Bürgerhausarchitektur" (Kurztitel).

1975 Diplomarbeit über „Profanarchitektur der Jahrhundertwende als Gegenstand der Erwachsenenbildung" (Kurztitel).

1982 Dissertation über „Farbige Fassungen für Bürgerhäuser des Historismus und des Jugendstils unter heutigen Aspekten".

Seit 1978 „Studio Farbe und Architektur" in Bochum:

- Farb- und Gestaltungsberatung für Gebäude vom Historismus bis zum Funktionalismus,
- Erarbeitung von Farbkonzepten für meist denkmalgeschützte (Arbeiter-)Siedlungen und Ensembles sowie Objektberatung,
- Entwürfe und Ausführungsberatung für die Innenausmalung und Ausgestaltung von Kirchen, Jugendstiltheatern und -industriehallen, Krankenhäusern und Privatgebäuden (häufig unter Denkmalschutz),
- Durchführung von Fachseminaren für unterschiedliche, mit der Farbanwendung und Sanierung befaßte Zielgruppen,
- Vorträge bei deutschen und internationalen Fachtagungen,
- Konzeption von Farbtonkarten für Hersteller von Fassadenfarben und -putzen.

Durchgeführte Lehraufträge an der Technischen Universität Dresden und dem Europäischen Fortbildungszentrum für handwerkliche Denkmalpflege und umweltschonendes Bauen in Schloß Raesfeld, Kreis Borken.

Seit 1984 Mitglied im Kuratorium des Deutschen Farbenzentrums, Berlin, für den Bereich „Denkmalpflege".

Seit 1986 Sonderberaterin für den Bereich „Farbe an und in historischen Gebäuden" im „Bundesarbeitskreis für Altbauerneuerung", Bonn.

Veröffentlichungen

„Historismus und Jugendstil – Wittener Bürgerhäuser der Jahrhundertwende". Bild- und Textband. Witten 1973.

„Aus Liebe zur Stadt – Fassaden ABC". Essen 1975.

„Krefeld – Alte Häuser, neuer Glanz". Krefeld 1978.

„Fassaden gestalten mit Farbe". 3. Auflage. Bochum 1990.

Außerdem zahlreiche Beiträge in Fachzeitschriften.